Ագրեսիայի կառավարման ձեռնարկ

Զայրույթի կառավարման հիմունքներ

Անիթա Աւետեան

Ամուսնության և ընտանիքի արտոնագրված թերապևտ

Համահեղինակ՝ Սոնա Ավեդյան

Նվիրվում է

Նվիրվում է մայրիկիս և հանգուցյալ հայրիկիս, ովքեր երբևիցե չեն դադարել ոգեշնչել և աջակցել ինձ: Ես երկուսիդ էլ շատ եմ սիրում:

Երախտագիտության խոսք

Խորին շնորհակալություն բոլոր նրանց, ովքեր օգնել են հեղինակել և խմբագրել Զայրույթի կառավարման հիմունքները ձեռնարկը, հատկապես մշտապես զարգացման մեջ գտնվող, Զայրույթի կառավարման 818-ի հոյակապ թիմին:

Նախ շնորհակալություն այն բոլոր հեղինակներին, ովքեր կարևոր նյութեր են հայթայթել և օգնել են այս ձեռնարկի ստեղծմանն ու ձևավորմանը, որպեսզի օգնեն մարդկանց ազատվելու իրենց զայրույթից: Ինձ համար անհնար կլիներ առանց նրանց օգնության, առանց նրանց տրամադրած թարմ և պրակտիկ նյութերի ստեղծել 50 պլանավորված դասերից բաղկացած այս ձեռնարկը: Մասնակից հեղինակներն են՝ Սիլվիա Քերին MFT, Ինգրիդ Քեզվելը, MFT inter, Անջելա Անդիկյանը, MFTinter, Մոլի Լիդան, Ռեչել Թոմասյանը, MFT և Ֆարնազ Թութունին:

Ինչպես ասում են, գիրք գրելը մի ամբողջ գյուղ է պահանջում: Առանց իմ լրացուցիչ երկու աչքերի՝ Սիլվիա Քերիի, MFT, և Ինգրիդ Քեզվելիի, դուք ամենայն հավանականությամբ կգտնեիք բազմաթիվ տպագրական և ուղղագրական սխալներ, որոնց առկայության դեպքում ձեռնարկն իմաստազուրկ կլիներ: Ցանկանում եմ շնորհակալությունս հայտնել նաև Էդմոն Արտինյանին և Ջենիֆեր Լիֆին լրացուցիչ օգնության համար: Ես գնահատում եմ Զայրույթի Վերահսկման Հիմունքները ձեռնարկը մասնագիտական ոլորտին համապատասխանեցնելու նրանց բոլորի ջանքերը:

Ես չէի կարող իրագործել այս ամենն առանց իմ ծնողների սիրո և օժանդակության: Նրանք ինձ միշտ ոգեշնչել են, իրագործել իմ երազանքները և երբեք չհուսահատվել: Խորին շնորհակալություն այս ոլորտում իմ ուսուցիչ Քորի Սկոլնիկին, MFT: Նա այն անձնավորությունն է, որը միշտ ուշադիր է եղել իմ հետաքրքրություններին, ուղեցույց եղել ու մեծապես աջակցել իմ նկրտումներին: Երբ այս ասպարեզում առիթ է եղել գործելու, նա միշտ խրախուսել է ինձ, որովհետև նա բավարարվածություն է զգում, երբ ուրիշները հաջողության են հասնում: Ես ականատես եմ եղել, թե ինչպես է նա անվերապահորեն նվիրվում մարդկանց: Այս է պատճառը, որ նրա շատ աշխատակիցներն ու ընկերները, ինչպես նաև ես, նրա մասին այդքան բարձր կարծիք ունենք:

Ցանկանում եմ երախտագիտությունս հայտնել Լորի Բրամֆիլդին, ով տարիներ առաջ ինձ հարցրեց՝ արդյոք չե՞մ ցանկանա իր հետ աշխատել զայրույթի կառավարման ծրագրում: Առանց այդ համագործակցության, հավանաբար, ես այդքան ոգևորությամբ չէի ընդգրկվի այս ասպարեզում:

Շնորհակալ եմ նաև Բրադ Կլիմովիչին և դոկտոր Քեյթի Մաթիսին, ովքեր օգնեցին ինձ սկսել Զայրույթի Կառավարման Մասնագետների Կազմակերպության Կալիֆորնիայի Մասնաճյուղը, որը ներկայումս Զայրույթի Կառավարման Կալիֆորնիայի Ազգային Մասնաճյուղն է: Հատուկ շնորհակալություն Ռիչ Պֆիֆերին՝ Զայրույթի Կառավարման Ազգային Կազմակերպության նախագահին, զայրույթի կառավարման ոլորտում իր ղեկավարության համար:

Եվ վերջում ցանկանում եմ երախտագիտությունս հայտնել Ջորջ Անդերսոնին, որի ազդեցությամբ գրվել են այս գրքի մի քանի բաժիններ:

ISBN-13:978-0692499887

Տպագրված է Զայրույթի Կառավարման Հիմունքներ հրատարակչության կողմից

www.AngerManagementEssentials.com

Գրքի կազմի ձևավորումը Թ.Լ. Պրայս Ֆրիլանսի

Գրքի կազմի նկարը *Morguefile.com*

ՀԵՂԻՆԱԿԻ ԿՈՂՄԻՑ

Հակոբ Ակիսկալ, Md (AQA)

Այնպիսի մի դարաշրջանում, որտեղ դեպրեսիան և անձի երկատման խանգարումները դարձել են մեր առօրյա բառապաշարում գործածվող բառեր՝ որպես մտքի և ուղեղի խանգարումներ, համեմատաբար անտեսվում է մեկ այլ՝ զգացմունքային խանգարումը: Անիթա Աւետեանի գիրքը անդրադառնում է մեր կյանքում տեղ գտած զգացմունքային հարաբերական խանգարումներին, որոնք վնասում են ոչ միայն միջանձնային հարաբերությունները, այլև ընդունակ են մարդուն հասցնել բռնի գործողություններ կատարելուն:
Բառապաշարը, որն օգտագործված է զայրույթը նկարագրելու համար, բավականին հարուստ է. հիվանդագին հումոր, ջղայնություն, չարություն, դյուրաբորբոք վիճակ՝ խոլերիկ, որը դասական 4 խառնվածքներից մեկն է, զրգիռ, բարկություն, ցասում, անարգանք կամ վրդովմունք, որն առաջանում է անարդար վերաբերմունքի արդյունքում, տկարություն, որը շներին հատուկ վիրուսային հիվանդություն է և երբեմն հանդիպում է նաև մարդկանց մոտ՝ առաջացնելով կատաղություն: Բայց չէ՞ որ մեր տեսակն ընդունակ է ունենալ ամենավսեմ զգացմունքները, ինչպիսիք են նվիրվածությունը, սերը: Այնուամենայնիվ, մեզ հատուկ են նաև ատելությունը, թշնամությունը, ցեղասպանությունը, նույնիսկ գաղափարականի անվան տակ՝ սպանությունը: Անշուշտ, ալկոհոլը, թմրադեղերը, երբեմն կյանքի անտանելի պայմանները, կարող են թե՛ տղամարդկանց և թե՛ կանանց մոտ առաջացնել ծայրահեղ զայրույթ: Բայց այս գիրքը ծայրահեղ զայրույթի մասին չէ: Այն ամենօրյա կյանքում տեղ գտած կանանց և տղամարդկանց զգացողությունների մասին է, որոնք ամեն դեպքում կարող են վնասել, նույնիսկ կործանել ամուսնական հարաբերությունները և ընտանեկան կյանքը: Կատարվող խմբային աշխատանքները, որոնք ընդգրկում են և՛ կանանց, և՛ տղամարդկանց, օգնում են նրանց ազատվել ամենօրյա կյանքում հանդիպող զգացմունքայնության մութ կողմերից:
Այս գիրքը բազմաբովանդակ է, հեշտ հասանելի սովորական կարդացողին: Այն դոկտորական աշխատանք չէ, այլ ընդգրկում է ամենատարածված հոգեթերապևտիկ մոտեցումները: Գիրքը տեղին է և օգտակար այն չափահաս մարդկանց համար, որոնք կյանքի ինչ-որ փուլում կանգնում են զայրույթի առաջացրած խնդիրների առաջ: Այս առումով գիրքն ունի իր նպատակին հասնելու բոլոր հնարավորությունները:

Հակոբ Սուրեն Ակիսկալ, MD [AQA]
h.c. [Lisbon, Aristotle U],
DLFPA< FACPsych, MRCPsych [hon, UK]
Հոգեբանության ականավոր պրոֆեսոր
Սան Դիեգո Կալիֆորնիա Համալսարան
Միջազգային տրամադրության կենտրոնի տնօրեն

ԲՈՎԱՆԴԱԿՈՒԹՅՈՒՆ

Զայրույթի ըմբռնումը

ԲԱՐԻ ԳԱԼՈՒՍՏ ԶԱՅՐՈՒՅԹԻ ԿԱՌԱՎԱՐՄԱՆ ՀԻՄՈՒՆՔՆԵՐ

Զայրույթի կառավարման ծրագիրը դեպի հաղորդակցությունը տանող հետաքրքիր, միաժամանակ նաև անհանգստացնող ճանապարհ է: Հնարավոր է, որ այս գիրքը սկսեք կարդալ հետաքրքրությունից դրդված, իրավաբանի խորհրդով՝ աշխատավայրում ծագած որոշ խնդիրներ ունենալու դեպքում, կամ էլ անձնական նպատակներով: Շատերն այս գրքի պարունակությունը համարում են օգտակար; Նրանք ընդունում են գաղափարներն ու խորհուրդները և փորձում են ուղղվել: Բայց եթե դուք թերահավատ եք կամ վախ ունեք, որ ոչինչ չի ստացվի, ապա համոզված ենք, որ փորձելուց հետո կփոխեք ձեր կարծիքը:

Մենք հորդորում ենք ձեզ ընդունել փոխվելու անհրաժեշտության գաղափարը և սովորել՝ ինչպես վարվել զայրույթի հետ: Ողջունում ենք ձեր ձեռնարկած անհրաժեշտ քայլերը և մաղթում ենք անցկացնել լիարժեք ու երջանիկ կյանք: Շնորհակալ ենք, որ ընտրել եք «Զայրույթի Կառավարման Հիմունքներ» գիրքը; Մենք ուրախ ենք, որ օգնում ենք մարդկանց աճել և կատարել մտածելակերպի բեկումնային փոփոխություններ, որոնք դրական ազդեցություն կունենան ձեր կյանքում:

Ի՞նչ ակնկալել այս գրքից: Որպեսզի լավագույնս օգուտ ունենաք զայրույթի կառավարման այս գրքից, առաջարկում ենք կիրառել այն հմտությունները, որոնք ձեռք եք բերել գիրքը կարդալուց հետո: Եթե զայրույթի կառավարման ծրագիրն իրականացնելու համար ընտրել եք այս գիրքը, ուրեմն առաջարկում ենք ձեր խորհրդատուին տեղեկացնել այն խնդիրների մասին, որ ունեցել եք սովորած հմտությունները կիրառելիս: Այդպես նա հնարավորություն կունենա օգնելու ձեզ ավելի ճիշտ օգտագործել այդ հմտությունները: Խնդրում ենք հիշել, որ պարզապես կարդալով կամ տեղեկանալով, չեք կարող հաջողության հասնել: Վարքագծում փոփոխություններ անելու համար անհրաժեշտ է իրագործել դրանք ամենօրյա կյանքում: Մենք՝ այս գրքի ստեղծողներս, կսովորեցնենք և կուղղորդենք ձեզ, սակայն դրանք իրագործելու նախաձեռնությունը՝ վարքագծում փոփոխություն անելու համար, պետք է լինի ձերը: Դա կլինի նաև ձեր հաջողության գրավականը: Սա նույնն է, երբ գիտեք ինչպես պետք է նիհարել, բայց եթե չփորձեք կիրառել կամ առողջ սնվել, չեք հասնի ձեր նպատակին:

Ձեր զայրույթի կառավարման հմտությունների բարելավումն սկսեք հետևյալ կերպ.

1.Մասնակցություն ունենալ, եթե որոշել եք փոխվել: Սա իր մեջ ներառում է տեսական դասընթաց և այդ հմտությունների կիրառումը գործնականում:

2.Բաց լինել: Սա միջոց է ինքներդ ձեզ ավելի լավ հասկանալու, ձեր հոգեկան ներաշխարհը ընկալելու, մարմնից եկող ազդակները նկատելու և պատասխան արձագանք ստանալու համար: :

3.Հեռատես լինել: Սա ներառում է բարկություն առաջացնող պահերից նախօրոք խուսափելը:

Զայրույթի ըմբռնումը

Զայրույթի կառավարման հիմունքներ ծրագիրը ներառում է հետևյալ հիմնական մասերը

1.Զայրույթի ըմբռնումը

2.Հաղորդակցման և լսելու հմտություններ

3.Հուզական ընդունակություն և կարեկցանք

4.Առողջ հարաբերությունների զարգացում, սահմանների կառուցում և կախվածության ըմբռնում

5.Սթրեսի կառավարում

6.Կոգնիտիվ Բիհեյվիորիստական Մեթոդների Գործածությունը Մտածողության ու Համոզմունքների բարելավման համար

7.Զայրույթի կառավարում

8.Անտեսում և ներողամտություն

ԶԱՅՐՈՒՅԹԻ ԿԱՌԱՎԱՐՄԱՆ ԴԱՍԸՆԹԱՑՆԵՐԻՆ ԳՐԱՆՑՎԵԼՈՒ ԿԱՐԳԸ

1.Նկարագրե՛ք իրավիճակը երկու կամ երեք նախադասությամբ:
2.Ինչպե՞ս զգացիք Ձեզ:
3.Ո՞րն էր Ձեր պատասխան վերաբերմունքը:
4.Ի՞նչ եք ակնկալում խմբից: Միայն կիսվե՞լ, թե՞ կիսվել և խորհուրդ ստանալ:
Օրինակ 1

1.Նկարագրե՛ք իրավիճակը երկու կամ երեք նախադասությամբ:

Աշխատանքի ընդունվելու համար ես հարցազրույց անցա: Տնօրենն ասաց, որ ինձ կզանգահարի երկու օրից: Երկու օրն անցավ, բայց նա այդպես էլ չզանգահարեց: Ուստի ես ինքս զանգահարեցի, բայց նրա քարտուղարուհին ասաց, որ տնօրենն իմ զանգերին չի պատասխանի:

2.Ինչպե՞ս զգացիք Ձեզ:

Շատ բարկացած և արհամարհված:

3.Ո՞րն էր Ձեր պատասխան վերաբերմունքը:

Այդ օրվա ընթացքում ես զանգահարեցի չորս անգամ և թողեցի չորս հաղորդագրություն քարտուղարուհու մոտ: Հետո զանգահարեցի ևս մեկ անգամ և թողեցի ևս մեկ հաղորդագրություն, որով հայտնեցի, որ այլևս չեմ ցանկանում ստանալ այդ հիմար աշխատանքը:

4.Ի՞նչ եք ակնկալում խմբից՝ միայն կիսվե՞լ մտքերով, թե՞ կիսվել և խորհուրդ ստանալ:

Ես շատ կցանկանայի իմանալ Ձեր կարծիքը, թե ուրիշ ինչպե՞ս կարող էի վարված լինել:

Օրինակ 2

1.Նկարագրե՛ք իրավիճակը երկու կամ երեք նախադասությամբ:

Ընկերուհիս կարծում է, որ մենք պետք է որոշ ժամանակ հեռանանք իրարից, դադար առնենք և սկսենք հանդիպել այլ մարդկանց:

2.Ինչպե՞ս զգացիք Ձեզ:

Ես տխրեցի, վախեցա, որ կկորցնեմ նրան և նվաստացած զգացի:

3.Ո՞րն էր Ձեր պատասխան վերաբերմունքը:

Ես պատռեցի նրա լուսանկարը, որը պահում էի իմ դրամապանակում, և նետեցի նրա դեմքին: Բղավեցի նրա վրա և նրան անբարոյական անվանեցի: Հետո հատակին նետեցի նրա սիրած ծաղկամանը, դուրս եկա տանից ու շրխկացրի դուռը:

4.Ի՞Նչ եք ակնկալում խմբից՝ միայն կիսվե՞լ մտքերով, թե՞ կիսվել ու խորհուրդ ստանալ:

Ես ուզում եմ խոսել միայն այն մասին, թե ինչ դժվար է հարաբերությունները միշտ այսպես ավարտել: Ես հոգնել եմ դրանից և զգում եմ, որ այլևս չեմ կարող գտնել մեկին, ում հետ կարող եմ ապրել:

ԶԱՅՐՈՒՅԹԻ ԸՄԲՌՆՈՒՄԸ

Ի՞նչ է զայրույթը:

Զայրույթը հզոր զգացմունք է, բայց՝ մարդկային բնական հույզ: Ոմանք կարծում են, որ զայրույթը վարքագիծ է: Բայց ոչ, ագրեսիան է վարքագիծ: Մենք կարող ենք զայրույթի հույզ ապրել, բայց ընտրել արտահայտման տարբեր միջոցներ՝ պասիվ, վստահորեն, ագրեսիվ և այլն:

Զայրույթը նաև ազդանշան է, որի միջոցով մենք ուրիշներին տեղեկացնում ենք մեր և մեր պահանջմունքների մասին: Օրինակ, եթե ընկերդ ճաշին գալիս է կես կամ մեկ ժամ ուշացումով, որի պատճառով նյարդայնանում ես, ապա այդ բարկությունը քեզ համար ազդանշան է. ճշտապահությունը մարդուն գնահատելու կարևոր չափանիշներից է:

Ի վերջո, զայրույթը էներգիա է: Որպես այդպիսին՝ այն խթանիչ ուժ է և դրդում է գործողությունների: Բարեբախտաբար, մեր կարողությունների սահմաններում է այդ էներգիան ճիշտ ուղղորդելը:

Ինչպե՞ս է աշխատում զայրույթը հոգեբանորեն

Երբ բարկանում եք, ձեր օրգանիզմն սկսում է այլ կերպ աշխատել: Առաջին բանը, որ կատարվում է, մեր ուղեղում եղած ներփոխանցիչ (neurotransmitter) քիմիական տարրերը՝ catecholamine հորմոնները, ավելանում են: Դրանք առաջացնում են էներգիայի ներհոս, որը կարող է մի քանի րոպեից անցնել: Այդ ընթացքում նկատվում են մի շարք ֆիզիկական ախտանիշներ, ինչպիսիք են՝ արագ շնչառություն, սրտի աշխատանքի արագացում, մկանային լարվածություն, արյան բարձր ճնշում: Բացի այդ, արյունը հոսում է դեպի ծայրանդամները՝ դրդելով ֆիզիկական գործողությունների: Շատերը նույնիսկ զգում են, որ իրենք, բացի զայրույթի թիրախից, ուրիշ ոչինչ չեն տեսնում, իսկ երբեմն նույնիսկ աչքերի առաջ սևանում է: Դրանից անմիջապես հետո այնպիսի հորմոններ, ինչպիսիք են ադրենալինն ու ոչ-ադրենալինը և ուղեղի լրացուցիչ ներփոխանցիչները (neurotransmitters), անջատվում են՝ առաջացնելով բարձր գրգռվածություն: Ֆիզիկական էներգիայի այս պոռթկումը կարող է հանգեցնել չմտածված, անմիջական գործողության. դուք պատրաստ եք կռվելու:

Ստանալով այսպիսի տեղեկություն՝ հասկանալի է դառնում, թե ինչ արագությամբ կարելի է կորցնել վերահսկողությունը զայրույթի վրա: Սակայն, անշուշտ, կարելի է սովորել՝ ինչպես վերագտնել հսկողությունը՝ պարզապես հասկանալով, թե ինչպես են աշխատում նշաձև գեղձը և նախաճակատային կեղևը [amygdala and prefrontal cortex]: Նշաձև գեղձը ուղեղում եղած գորշագույն զանգված է, որը վերահսկում է հույզերը: Այն ստիպում է մեզ գործել՝ նախքան ստեղծված իրավիճակի մասին մտածելը: Մյուս կողմից, նախաճակատային կեղևը, որը գտնվում է ճակատի անմիջապես ետևի մասում, պատասխանատու է առողջ դատողության համար: Այն պատասխանատու է ձեր վարքագիծի և ճիշտ որոշում կայացնելու համար: Ձախակողմյան նախաճակատային կեղևը վերահսկում է հույզերը և իրադրությունը պահում է հսկողության տակ:

Հիմնականում, մենք երբեմն այնպես ենք լարվում, որ կարող ենք անմիջական գործողությունների դիմել՝ նախքան հետևանքների մասին մտածելը: Հետևաբար, որքան շատհնարավորություն տանք մեր նախաճակատային կեղևին հսկել մեր նշաձև գեղձը, այնքան հեշտ կլինի կառավարել զայրույթից առաջացած պատասխան վերաբերմունքը:

ԶԱՅՐՈՒՅԹԻ ՀԱՆԴԱՐՏՄԱՆ ՓՈՒԼԸ

Զայրույթը կարող է բավական երկար տևել՝ ժամեր, երբեմն՝ նույնիսկ օրեր: Ուստի, զայրույթի պոռթկումից հետո որոշ ժամանակ է անհրաժեշտ հանդարտվելու համար: Գոյություն ունի զայրույթի հանդարտման փուլ, որի ընթացքում մենք սկսում ենք հանդարտվել՝ վերադառնալով մեր սովորական հանգստի վիճակին: Սովորաբար, այս ընթացքում մենք զայրույթի օջախը չենք նկատում, և այն իրենից անմիջական սպառնալիք չի ներկայացնում: Հիշեք, որ հանդարտվելու այս պահը ժամանակ է պահանջում, և այդ ընթացքում մենք հակված ենք բարկանալ այնպիսի մանրուքների պատճառով, որոնք, սովորաբար, մեզ չեն անհանգստացրել: Բացի այդ՝ կարևոր է իմանալ, որ բարձր զգռվածությունը նվազեցնում է կենտրոնանալու կարողությունը, և քանի որ դա երկար է տևում, դժվար կլինի մտաբերել զայրույթի առաջացման մանրամասները:

Զայրույթը՝ որպես երկրորդային հույզ: Մինչև զայրանալը առաջանում են այլ հույզեր, որոնք կոչվում են հիմնական: Այդպիսի օրինակներ են վախը, հուզմունքը, ամոթը, տխրությունը, ցասումը, մեղավորությունը, հուսահատությունը, անհանգստությունը, խանդը, շփոթվածությունը, վիրավորանքը, անապահովության զգացումը և անօգնականությունը:

Ահա մի օրինակ. երբ մեկն իր մեքենան չափից ավելի մոտ է վարում ձեր մեքենային, դուք անապահովության և վախի զգացում եք ունենում: Զայրույթն այդ պահին առաջացած զգացումներից մեկն է: Վախը՝ մյուս զգացումն է: Ուրեմն ո՞րն է առաջին՝ հիմնական հույզը, զայրո՞ւյթը, թե՞ վախը: Վախը: Վախը բնական, առաջնային հույզ է, որն առաջանում է սպառնալիքի արդյունքում: Զայրույթը երկրորդական՝ վտանգից առաջացած պաշտպանական արձագանք է: Զայրույթը, ի վերջո, գործողության անցնելու խթան է, որը օգնում է որոշել՝ ինչ անել:

Զայրույթի օգտակար կողմերը

Զայրույթն ունի իր օգտակար կողմերը, որի հիմնական ֆունկցիան մեզ և մեր սիրելիներին պաշտպանելն է: Զայրույթը կարող է լավացնել հարաբերությունները՝ բացելով շփման ուղիներ: Բացի այդ՝ այն կարող է օգնել մեզ ավելի ուժեղ և ավելի առողջ զգալ:

Իմանալով, որ զայրույթն ինքնին առողջ մարդկային զգացում է, ինչպե՞ս կարող ենք վերաբերվել զայրույթ առաջացնող իրավիճակներին, որպեսզի այն արտահայտվի իր օգտակար կողմերով: Եկե՛ք վերադառնանք վերը նշված օրինակին, երբ մի վարորդ իր մեքենան վարում էր ձեր մեքենային շատ մոտ: Եթե դրանից վտանգ եք զգում, փորձե՛ք անել հետևյալը. պարզապես դանդաղեցրեք ընթացքը, որը կստիպի մյուս վարորդին առաջ անցնել ձեզնից: Եվ եթե նույնիսկ պատահար լինի, ապա վնասն ավելի քիչ կլինի, քանի որ ընթացքը դանդաղ է:

Սա զայրույթի մասին ունեցած տեսակետներից մեկն է, որը հնարավորություն է տալիս ձեզ հասկացնելու հետապնդողին, որ նրա արարքը ձեզ դուր չի գալիս և որ դուք մտադրություն

Զայրույթի ընբռնումը

չունեք ավելի արագ վարելու կամ սարսափած նրան ճանապարհ տալու:

Կան բազմաթիվ տարբերակներ, որոնցով կարելի է զայրույթը կանխել: Վերը նշված օրինակը հենց այդպիսի առողջ միջոցներից է, որը կարելի է կիրառել դժվար իրավիճակներում հայտնվելիս: Ահա որոշ կանոններ, որոնց պետք է հետևել.

1.Պարզե՛ք, թե ինչից եք զայրացել:

2.Որոշե՛ք, թե ինչումն է խնդիրը:

3.Որոշե՛ք, թե որն է ձեզ համար առաջնահերթն ու կարևորը:

4.Կառուցե՛ք գործողությունների այնպիսի ծրագիր, որն ամենաօգտակարը կլինի ձեզ համար:

Պարզապես հիշե՛ք, որ զայրույթը ժամանակ առ ժամանակ առաջանալու է, և դուք պետք է ընտրեք, թե ինչպես վարվել այդ դեպքում: Դուք հնարավորություն ունեք սովորելու, թե ինչպես ավելի ճիշտ արտահայտեք ձեր զայրույթը, եթե հետևեք մեր խորհուրդներին:

ԶԱՅՐՈՒՅԹ, ԱԳՐԵՍԻԱ, ՑԱՍՈՒՄ. Ո՞ՐՆ Է ՏԱՐԲԵՐՈՒԹՅՈՒՆԸ

Ինչո՞ւ են մարդիկ հաճախ ասում. «Ես սկսում եմ զայրանալ», ոչ թե՝ «Ես սկսում եմ կատաղել»: Ո՞րն է զայրույթի և ցասումի տարբերությունը: Ինչո՞ւ է խոսակցության ընթացքում առաջանում ագրեսիա: Մենք հաճախ նույնացնում ենք **զայրույթ**, **ագրեսիա** և **ցասում** բառերը, սակայն իրականում տարբերությունը բավական մեծ է: Այդ տարբերությունը հասկանալը կարևորվում է, եթե ցանկանում ենք ձևավորել առողջ ֆիզիոլոգիական հատկություններ և ձերբազատվել անառողջ սովորություններից: Անշուշտ, զայրույթը, ագրեսիան և ցասումը ունեն բնութագրական ընդհանուր գծեր, սակայն դրանք տարբեր են հետևյալ բնորոշումներում.

- դրանք ինչպիսի իրավիճակի պատասխան վերաբերմունք են
- որքան ժամանակ է պահանջվում, որպեսզի դրանք զարգանան և հանդարտվեն
- դրանց ֆիզիկական ազդեցությունը օրգանիզմի վրա
- սադրանքին ուղղված դրանց համեմատականությունը
- ով է կրում մարդու այդ վիճակի պատասխանատվությունը (ում կամ ինչի պատճառով են նրանք հայտնվում այդ վիճակում)
- որն է դրանց նպատակը
- ինչպիսին է ուրիշների վրա դրանց ազդեցությունը
- դրանք ինչ արդյունքի են հանգեցնում

Նախ, եկեք տեսնենք, թե ինչպես է բնութագրվում **<u>Զայրույթը</u>**՝ ելնելով այս սկզբունքներից:

Պատասխան վերաբերմունք. Զայրույթը հույզ է: Այն վիրավորանքին կամ գործերին խառնվելուն ուղղված **բնական, հուզական առողջ վարքագիծ** է: Իրական զայրույթը կարող է լինել վիրավորանքի, անհաջողության, հուսահատության կամ վախի (իրական կամ երևակայական) պատասխան վերաբերմունք: Դա ազդանշան է կամ տագնապ, որ ինչ-որ բան այնպես չէ, և որ մենք այնքան էլ հարմար չենք զգում տեսածից: Զայրույթից ստացած օգուտը մեզ գործողությունների դրդելն է, ուժ տալը և կյանքում վստահություն ներշնչելը, որպեսզի արժեքավոր փոփոխություններ անենք: Զայրույթի արտահայտումը ազդակ է, որ մեզ ինչ-որ բան է սպառնում: Զայրույթն արտահայտվում է վստահորեն՝ առանց հիստերիայի. «Ես զայրացած եմ, որովհետև կարիք ունեմ… »: Կարևոր է իմանալ, որ զայրույթ առաջանում է՝ ելնելով ներկա իրավիճակից կամ վերջերս կատարված իրադարձության արդյունքում:

Ժամանակը. Զայրույթը զարգանում է դանդաղորեն, ժամերի կամ գուցե օրերի ընթացքում: Այն հանդարտվում է շատ արագ, հենց այն պահին, երբ սադրանքն ավարտվում է, սովորաբար 30 վայրկյանից մինչև 2 րոպեի ընթացքում: Երբ զայրույթն անցնում է, թողնում է թեթևության հաճելի զգացողություն:

Ֆիզիկական ազդեցությունը. Զայրույթը կապված է պարասիմպատիկ նյարդային համակարգի հետ: Այդ համակարգն է ապահովում հանգստի վիճակը կամ հաճույք պատճառող գործողությունները՝ նման թքարտադրությանը, մարսողությանը, քնին կամ սեքսով զբաղվելուն: Այս ֆունկցիաները հաճույք պատճառող գործողություններ են, որոնք առաջանում են, երբ մարմինը գտնվում է հանգստի վիճակում: Երբ լուրջ ենք բարկանում, սկսում ենք խորը շնչել, մեր տեսողությունը դառնում է ավելի կենտրոնացած, մաշկի վրա ջերմություն ենք զգում, մեր շարժումները ավելի հանգիստ են դառնում, իսկ հիշողությունը՝ ավելի պարզ:

Սադրանքին ուղղված համեմատականությունը. Զայրույթն առաջանում է ներկա պահին կատարվող իրադրությունից: Ուրեմն, նրա արտահայտումն ուղիղ համեմատական է իրադրությանը:

Պատասխանատվություն կրողը. Նա, ով իրական զայրույթ է ապրում, ինքն է պատասխանատու այդ զգացմունքի համար: «Երբ լսեցի, որ Դուք աշխատանքի ընդունված Ձեր ընկերոջ պաշտոնը բարձրացրել եք, մտածեցի, որ այս ընկերությունում իմ այսքան տարիների ծանր աշխատանքը չի գնահատվում: Ես զայրանում եմ»: Հետևաբար. «Երբ դա տեղի է ունենում, ես զայրանում եմ», նա չի ասում. «Դուք ինձ զայրացնում եք»:

Զայրույթն առաջանում է այն դեպքում, երբ ընդունում եք կատարված իրողությունը, ոչ թե հերքում այն: Չպետք է շփոթել «ընդունելը» «սիրելու» հետ: Մենք հաճախ շփոթում ենք այս երկուսը, որովհետև սովորաբար ընդունում ենք միայն այն, ինչ սիրում ենք:

Նպատակը. Առողջ զայրույթ արտահայտելու նպատակը կապ հաստատելն է, ուրիշների ուշադրությունը գրավելը: Զայրույթը տեղեկացնում է այդ մասին, զբաղեցնում նրանց և հաղորդակցվելու առիթ տալիս: Բացի այդ՝ զայրույթը հատուկ վեաբերմունք չի պահանջում: Այն թույլ է տալիս մարդուն դուրս հանել իր մեջ կուտակվածը, բայց և վերահսկել այն: Ճիշտ արտահայտված զայրույթին ուղղված բոլոր պատասխանները արժեքավոր տեղեկություններ են հետագա հարաբերությունների ձևավորման համար:

Մյուսների վրա թողած ազդեցությունը. Զայրույթն ազդում է նաև ուրիշների զգացմունքների վրա: «Ես»-ով սկսվող արտահայտությունը օգնում է դիմացինին առանց վիրավորվելու խոսակցության մեջ ներքաշվել: «Ես մտադրություն չունեի Ձեր աշխատանքը թերագնահատել: Իրականում ես այն բարձր եմ գնահատում: Պարզապես միաժամանակ երկու նոր աշխատատեղ է բացվել: Դուք առաջադիմում եք և նոր պաշտոն կզբաղեցնեք ընկերոջիցս առաջ»:

Արդյունքում. Առողջ զայրույթի արդյունքում, մարդն իրեն անկեղծ է զգում և ինքնաարտահայտված: Լավագույն դեպքում այն օգնում է մարդկանց ավելի մտերմանալ և միմյանց պահանջմունքները հասկանալ: Եվ վերջապես, այն օգնում է մեզ սահմաններ գծել մյուսների հետ: Եթե ձեր ղեկավարն ասում է. «Դուք ճիշտ եք, ես չեմ գնահատում Ձեր աշխատանքն այս ընկերությունում», դա մի կարևոր տեղեկություն է, որն օգնում է ձեզ իմանալ ձեր անելիքը: Ամենայն հավանականությամբ դուք կփորձեք նոր աշխատանք փնտրել, որտեղ ձեզ կգնահատեն:

Հիմա, օգտվելով այս սկզբունքներից, տեսնենք, թե ինչով է տարբերվում **Ագրեսիան զայրույթից**:

Պատասխան վերաբերմունք. Ագրեսիան վարքագիծ է: Այն անձնական վիրավորանք կամ մարմնական վնաս հասցնելու արտահայտման ձև է: Ինչպես զայրույթը, ագրեսիան ևս միտումնավոր արված վիրավորանքի, անարդարության, սխալ արարքի պատասխան վերաբերմունք է: Սակայն ագրեսիան հիմնովին տարբերվում է զայրույթից: Այն կախված է նրանից, թե ինչպես է մարդն ընկալում դիմացինի մտադրությունը: Եկեք քննարկենք ագրեսիայի մի օրինակ, տեսնենք՝ ինչպիսին է ագրեսիայի վերաբերմունքը՝ որպես միտումնավոր սպառնալիքի պատասխան՝ ի տարբերություն զայրույթի: Օրինակ՝ երբ դերասանը նկարահանվում է ֆիլմի տեսարաններից մեկում, լուսավորող ռեժիսորը տեսախցիկը ձեռքին քայլում է նրա տեսադաշտում: Դերասանը շեղվում է և ստիպված է լինում դադարեցնել նկարահանումը: Առանց այն էլ դժվար է կենտրոնանալ (անգիր հիշել խոսքերը, ճիշտ պահին հայտնվել լույսի տակ, չնկատել տեսախցիկը), իսկ լուսային ռեժիսորն էլ իր հերթին շեղում է նրան: Եթե դերասանն այս արարքը ընկալում է որպես իր նկարահանումները փչացնելու միտումնավոր քայլ, նրա մոտ առաջանում է ագրեսիա: Նա իրեն վիրավորված է զգում և կարող է ռեժիսորին մարմնական վնաս հասցնել: Մինչդեռ զայրույթի դեպքում դերասանը չէր կենտրոնանա ուրիշների մտադրության վրա, նա կտիրապետեր իրեն ու կասեր. «Խնդրում եմ, մի՛ քայլեք նկարահանման ընթացքում: Դա ինձ խանգարում է»:

Պատասխանատվություն կրողը. Ագրեսիան մեղադրում է ուրիշին իր բռնկման համար: Այն ընկալում է ուրիշի գործողությունները որպես միտումնավոր վիրավորանք և անարգանք:

Ժամանակը. Ինչպես կարելի է նկատել, ագրեսիան բռնկվում է խթանիչ ազդակներից և զարգանում է շատ արագ: Բայց, քանի որ այն պայմանավորված է օրգանիզմում եղած կորտիզոլի (cortisol) և ադրենալինի մեծ քանակությամբ, բավական շատ ժամանակ է պահանջվում հանդարտվելու համար, ժամեր, նույնիսկ օրեր, մինչև օրգանիզում քիմիական պրոցեսի չափաբաժինը նորից կարգավորվի:

Ֆիզիկական ազդեցությունը. Ագրեսիան ակտիվանում է սիմպատիկ նյարդային համակարգում (կռիվ կամ փախուստ)՝ ուղեղի նշաձև գեղձի հատվածում: Այստեղ է խթանվում ակտիվությունը, որը մարդուն դրդում է գործողությունների: Երբ կա սպառնալիք, ուղեղը ազդանշան է ուղարկում մակուղեղին (pituitary gland) և մեծ քանակությամբ հակաալերգիկ հորմոն (cortisol) ու ադրենալին է արտադրվում: Եվ երբ այն հոսում է արյան մեջ, տեղի է ունենում հետևյալը. արագանում է սրտի աշխատանքը, մարմինը դողում է, աչքերի առաջ մթնում է, զգում ենք լսողության կորուստ, և մարսողությունը վատանում է (սա իսկապես այդպես է, որովհետև մարսողությունը հսկվում է պարասիմպատիկ նյարդային համակարգի կողմից, որը չի կարող գործել, եթե սիմպատիկ նյարդային համակարգը հսկողության տակ է):

Ինչո՞ւ է մեր մարմինն այսպես արձագանքում: Դեռ քարանձավային ժամանակներում մարդն իրեն լավ է զգացել, երբ կարողացել է հաղթել կռվում կամ հաջողությամբ փախչել դրանից: Որքան ամուր է մարդու սիմպատիկ նյարդային համակարգը, այնքան լավ: Ժամանակակից քաղաքակրթության մեջ այլևս նման սպառնալիքներ չկան, բայց մեր մարմինը չի փոխվել: Եկեք դիտարկենք վարորդի՝ ավտոմեքենան վարելու ագրեսիվությունը: Ջոն Դոյը հանգիստ վարում է իր մեքենան իրեն հատկացված ճանապարհով: Եթե ինչ-որ մեկը ցանկանում է այդ ճանապարհով ինքն անցնել և փորձում է Ջոնին հեռացնել իր ուղուց, իսկ Ջոնն այդպիսի մտադրություն չունի, ապա նա սպառնալիք է զգում իր հանդեպ: Առաջանում է «ճանապարհային ցասում», մի իրավիճակ, երբ Ջոնն իր ամբողջ էությամբ ցանկանում է համապատասխան վերաբերմունք ցուցաբերել իրեն ուղղված սպառնալիքին, սակայն իրավիճակն այնպիսին է, երբ որևէ գործողություն անելն անհնարին է: Մարաթոնում վազողի համար շատ օգտակար է սրտի աշխատանքի և ադրենալինի այդպիսի բարձրացումը, սակայն Ջոնի համար, որը նստած է մեքենայում, երթևեկության խցանման մեջ և չի կարող նույնիսկ մեքենայից դուրս գալ, դա հավասարազոր է աղետի:

Սադրանքին ուղղված համեմատականությունը. Ագրեսիան արտահայտման ծայրագույն աստիճան է և ուղիղ համեմատական չէ իրադրությանը:

Նպատակը. Ագրեսիան անպայման դրդում է անձնական կամ մարմնական վնաս պատճառելուն: Այն վախեցնում է, պատժում կամ սադրում դիմացինին:

Մյուսների վրա թողած ազդեցությունը. Ուրիշների զգացմունքները ոտնահարվում են:

Արդյունքում. Ագրեսիան մարդուն մեկուսացնում է մյուսներից: Մարդիկ գերադասում են աննկատ անցնել ձեր կողքով կամ բոլորովին խզել հարաբերությունները ձեզ հետ: Ագրեսիան կարող է լուրջ խնդիրներ առաջացնել տանը, աշխատավայրում կամ օրենքի հետ: Դա կարող է առաջացնել նաև առողջական այնպիսի խնդիրներ, ինչպիսիք են գլխացավերը, մարսողական խանգարումները, անքնությունը, անհանգստությունը, դեպրեսիան, արյան բարձր ճնշումը, մաշկային խնդիրները (օր.՝ էկզեմա), ինֆարկտը և կաթվածը:

Ուրեմն ինչպե՞ս է չափվում ցասման աստիճանը: Ինչպես արդեն վերը նշել ենք, «զայրույթ», «ագրեսիա» և «ցասում» տերմինները հաճախ գործածվում են առանց տարբերակվելու: Հեշտ կլինի դրանք տարբերել, եթե ցասումը դիտենք որպես մաթեմատիկական խնդիր, որտեղ չարտահայտված զայրույթն ու ագրեսիան հայտնվում են միասին՝ իրենց ամենածայրահեղ լարված վիճակում.

(ԶԱՅՐՈՒՅԹ + ԱԳՐԵՍԻԱ) + 10 = ՑԱՍՈՒՄ

Ցասում

Պատասխան վերաբերմունք. Ցասումը հպարտությանը, արժանապատվությանը, հասարակական դիրքին սպառնացող պատասխան վերաբերմունք է: Ցասումի հիմքերը գալիս են մանկությունից, երբ երեխան անօգնական է իրեն քննադատող մեծահասակների կամ իրենից ավագների մոտ: Երբ հասուն տարիքում ինչ-որ բան արթնացնում է հին հիշողությունները, մարդու պատասխան վերաբերմունքն ուղղված է այդ հիշողությանը, ոչ թե ներկա իրադրությանը: Դրանով է պայմանավորված այն, որ պատասխան վերաբերմունքը դիտվում է որպես վախեցնող, անսպասելի և անտեղի: Ցասումը ոչ այնքան զգացողություն է, որքան անմիջական պաշտպանական ռեակցիա, որն ակտիվանում է որպես «կռիվ կամ փախուստ» սիմպատիկ նյարդային համակարգում: Երբ ինչ-որ բան ցասում է առաջացնում, ուղեղի զգացմունքային մասում՝ նշաձև զեղձում, առաջանում է կոնֆլիկտին պատրաստվելու վիճակ, կորսվում է կապը նախաճակատային կեղևի հետ, որը պատասխանատու է խելացի որոշումներ կայացնելու համար: Ցասումը կարող է ակտիվանալ արտաքին գործոններից, նման նրան, երբ մեկը սպանել է իր սիրեցյալին: Ցասումը կարող է առաջանալ նաև այն դեպքում, երբ մարդը երկար ժամանակ արհամարհանք է զգացել իր հանդեպ կամ ապրել է զայրույթի բազմաթիվ պահեր:

Ցասման մեջ մեզ թվում է, որ ինչ-որ մեկը փորձում է մեզ հրահրել, և մենք պետք է «հաշիվը հավասարեցնենք»:

Ցասումը կարող է լինել նաև ամոթի, լքվածության, անպաշտպանվածության, իշխանության և հսկողության, անզսպվածության պատասխան վերաբերմունք: Քննարկենք բոլոր պատճառները մանրամասնորեն:

Ամոթ. Սա մեկի գոյությունն արդարացի գնահատել չկարողանալու ոչ ադեկվատ զգացում է: (Մեղքն ասում է. «Ես վատ բան եմ արել: Այլևս մի՛ արա այդպես»: Ամոթն ասում է. «Ես վատն եմ: Ես չպետք է ապրեմ»): Ամոթն անհանդուրժելի զգացողություն է, իսկ ցասումը՝ դրանից խուսափելու միջոց: Բայց, անշուշտ, ցասումն ամոթի հետևանք է, և այսպես շղթայական ձևով շարունակվում է ամոթ-ցասում շրջանակը:

Լքվածություն. Եթե երեխան իրեն լքված կամ անտեսված է զգում, նա այդ վերքը տանում է իր հետ մինչև չափահասություն: Երբ լքվածությունը երկար է տևում, արդեն չափահաս մարդու համար իր ընկերոջ ժամանակավոր բացակայությունն անգամ առիթ է հանդիսանում ցասման մեջ հայտնվելու: Ոմանց համար նույնիսկ տարակարծությունը կարող է ցասման պատճառ դառնալ:

Անպաշտպանվածություն. Սա այն է, երբ բացահայտվում է ճշմարտությունը, որը ցասման մեջ գտնվողը հերքում էր:

Իշխանություն և հսկողություն. Քանի որ ցասումը վախեցնում է մյուսներին, ցասման մեջ գտնվողն այդ պահին ձեռք է բերում իշխանություն և իրադրության վերահսկում, որը դառնում է կրկնակի ցասման պատճառ: Սա ավելի շատ չարաշահվում է ընտանեկան հարաբերություններում:

Անզսպվածություն. Ցասման մեջ գտնվողի մոտ նկատվում է ադրենալինի բարձրացում, իսկ ադրենալինը խթանում է անզուսպ լինելը: Երբ ադրենալինը մտնում է արյան մեջ, նրա ազդեցությունը տևում է 1-2 ժամ: Քանի դեռ դուք այդ վիճակում եք, մկանների լարվածությունը չի կարող արագ թուլանալ: Սադրանքից հետո ցասումը դեռ երկար ժամանակ չի անցնում:

Ֆիզիկական ազդեցությունը. Ցասումն առաջացնում է մկանային լարվածություն, սրտի ծանրություն, արագ և խորը շնչառություն, գունատություն, աչքերի առաջ սևանում է, և առաջանում է ծայրաստիճան վտանգավոր վիճակ, եթե ոչ հիշողության լիարժեք կորուստ: Հենց այստեղից էլ առաջացել է «սև ցասում» արտահայտությունը: Ցասման մեջ գտնվող մարդն ի վիճակի է անել այնպիսի բաներ, որոնք ֆիզիկապես անհնար են թվում: Ադրենալ շաքարը բարձրացնում է ֆիզիկական ուժը, դիմադրողականությունը և բթացնում ցավի զգացումը: Ցասումից հետո մարդը հաճախ չի հիշում և հերքում է կատարվածը:

Սադրանքին ուղղված համեմատականությունը. Չնայած նրան, որ ցասումն առաջանում է ներկա պահին կատարվող իրադարձության շուրջ, այն գազաթնակետային է և ուղիղ համեմատական չէ իրավիճակին: Պատճառն այն է, որ ցասումն առաջանում է անցյալում կատարված ինչ-որ դեպքերի հիման վրա, որոնք չեն ապաքինվել, հետևաբար թվում են չափազանցված և անտեղի: Դրանից է բխում հետևյալ արտահայտությունը՝ «Հիստերիան անցյալի հետևանք է»:

Պատասխանատվություն կրողը. Ցասման պատճառով մեղադրվում են ուրիշները և նրանց գործողությունները ընկալվում են որպես վիրավորական կամ ոչ հարգալից:

Մտադրությունը. Ցասումը ցանկանում է հսկել իրադրությունը և լռեցնել մյուսներին:

Մյուսների վրա թողած ազդեցությունը. Ոտնահարվում են ուրիշների զգացմունքները, և նրանք պարզապես խզում են կապերը ցասման մեջ գտնվողի հետ:

Արդյունքում. Աշխատանքի, ազատության և հարաբերությունների կորուստ: Համոզմունքներն ու սկզբունքները, որ ցասկոտ մարդն ամրագրել է իր համար ամբողջ կյանքի ընթացքում, անընդունելի են: Նախկին կապերը կտրվում են, կապվածությունը, նվիրվածությունը, բարի կամքն ու միասնական հաճույքները մերժվում են:

Եթե ցասումը կրկնվում է տարին մեկ-երկու անգամից ավելի հաճախ, անպայման ազդում է հարաբերությունների զարգացման վրա: Ցասումը կարող է առաջացնել կախվածություն, որովհետև այն ընթացքի մեջ է: Եթե դուք վախվորած եք և ճնշվող անձնավորություն, մարդիկ գլուխ են թեքում ձեզնից, և դուք կանգնում եք փաստի առաջ: «Ես»-ի կորուստ. Ցասկոտ մարդը չունի անհատականություն, նա աշխարհի հետ պաշտպանողական պատերազմի մեջ գտնվող էակ է:

ԱՄՓՈՓՈՒՄ

ԶԱՅՐՈՒՅԹ	ԱԳՐԵՍԻԱ	ՑԱՍՈՒՄ
Հույզ	Վարքագիծ	Ծայրահեղ վարքագիծ
Զսպվածություն	Հավանական զսպվածություն	Անզուսպ
Առողջ	Անառողջ	Անառողջ
Կառավարվող	Չկառավարվող	Չկառավարվող
Սթափ մտածողություն	Ցրված մտածողություն	Ուղեղի մթագնում
Հարձակում	Ոտնահարում	Ջնջում
Ապահովություն	Անապահովություն	Հավանական մահ
Արագություն և հանգստություն հաճույքով	Երկարատև զայրույթի վիճակ	Երկարատև զայրույթի վիճակ
Ընդունում է կատարվածը	Հերքում է կատարվածը	Հերքում է կատարվածը

ՕԳՆԵ՛Ք, ԻՆՉՊԵ՞Ս ՎԱՐՎԵՆՔ ԶԱՅՐՈՒՅԹԻ ՀԵՏ

«Համաձայնե՛ք, մեղմացրե՛ք և նպատակուղղե՛ք այն»:

Համաձայնումը. Պետք է ընդունել, որ մարդն ունի ինքնապաշտպանական ազդակներ, և որ զայրույթն ազդում է օրգանիզմի վրա:

Մեղմելը. Սա ինքնապաշտպանական ազդակները սիմպատիկ (ակտիվ) համակարգից պարասիմպատիկ (պասիվ) համակարգ տեղափոխելն է: Այն պահանջում է մի փոքր աշխատանք ձեզ վրա: Մեղմել նշանակում է նաև զայրույթը կարողանալ ձևավորել այնպես, որ հնարավոր լինի ցուցաբերել բարեկիրթ պատասխան վերաբերմունք:

Նպատակուղղելը. Սա զայրույթի պատճառը վերացնելու նպատակով զայրույթի էներգիան պասիվ համակարգով անցկացնելն է: Սա քայլ է դեպի կառուցողական նպատակը: Զայրույթից «այրվելը» նպատակուղղվածություն չէ: Հնարավոր է, որ նպատակուղղվածությունն իր մեջ ունի ընդվզում, բողոք, բայց դա պետք է արվի այն ձևով, որ հասկանալի լինի, որ բողոքողը չի պատրաստվում լուծումը գտնել հաղթական ավարտի մեջ:

Կիրառե՛ք ԶՐՈՒՅՑԻ ՍԱՀՄԱՆՆԵՐԸ

Զգացական տվյալներ (տեսանելի վարքագիծ).

- ✓ Երբ տեսա...
- ✓ Երբ լսեցի…

ՄՏՔԵՐ (միշտ խոսիր «ես»-ի դիրքից)

- ✓ Ինչ կարողացա հասկանալ, այն է…
- ✓ Ինչ կարծում եմ այդ մասին, այն է…
- ✓ Անցյալից եկած դրդապատճառն այն է…

ՀՈՒՅԶԵՐ (հույզերն առաջանում են մեր մտքերից).

- ✓ …և դրա վերաբերյալ ես զգում եմ…

ԱՊԱԳԱՅՈՒՄ (խոցելի խնդրանք).

- ✓ Այն, ինչ ուզում եմ/նախընտրում եմ, այն է…

10 ԱԿՆԱՐԿ ԶԱՅՐՈՒՅԹԻ ՄԱՍԻՆ

1.Մտածե՛ք նախքան խոսելը:

2.Արտահայտե՛ք զայրույթը, երբ հանգիստ եք:

3.Կատարե՛ք վարժություններ:

4.Դադա՛ր առեք:

5.Գտե՛ք հնարավոր լուծումներ:

6. Միշտ գործածե՛ք «ես»-ով խոսելաձև:

7.Ոխ մի՛ պահեք:

8.Խոսե՛ք հումորով՝ լարվածությունը թուլացնելու համար:

9.Իմացե՛ք՝ երբ օգնություն փնտրել:

ԻՆՉՊԵ՞Ս ՎԱՐՎԵՆՔ ԱԳՐԵՍԻԱՅԻ ՀԵՏ

ԴԱՍԱԿԱՆ ԻՐԱՎԻՃԱԿ (Բիհեյվիորիստական Թերապիա)

Անզգայացումը միջոց է որը փոխում է հարաբերությունները ազդակի և պատասխան վերաբերմունքի միջև: Քննադատական խոսքերը՝ բղավոց, հայհոյանք, ճվճվոց, զուգորդե՛ք թուլացնող մեթոդով՝ երգելով: Այն վերացնում է քննադատությանը ագրեսիայով վերաբերվելու ցանկությունը:

ՀՐԱԺԱՐՎԵ՛Ք ԱԼԿՈՀՈԼԻՑ և ԹՄՐԱՆՅՈՒԹԵՐԻՑ

Ալկոհոլը, գրգռիչները, անաբոլիկ հորմոնները և մարիխուանան վնասում են մտածելու ունականությունը և փոխում տրամադրությունը: Կախվածության վերջին փուլերի ընթացքում ալկոհոլը իջեցնում է ներփոխանցիչ նյարդահաղորդիչների (neurotransmitter serotonin) աստիճանը: Կրծողների և ոչ-մարդանման պրիմատների ուսումնասիրությունը ցույց է տալիս, որ եթե նյարդահաղորդիչը (serotonin) պակաս է կամ նրա փոխանցումը խաթարված, կենդանիները դառնում են ագրեսիվ և գրգռված: Առնետները ցածր նյարդահաղորդչի դեպքում կարող են հարձակվել և սպանել իրենց ցեղակից կրծողներին:

ԽՄԲԱՅԻՆ ԹԵՐԱՊԻԱ

Ագրեսիան հարմարվելու յուրացված դրսևորում է այն մարդկանց համար, ովքեր արժանացել են տնական արհամարհանքի և վիրավորանքի: 8-ից 14 տարեկանում երեխաները զտնում են, որ իրեց այլևս երբեք որևէ մեկը չպետք է վիրավորի: Օրինակ՝ հայրը հաճախ ծեծում է որդուն, երբ հարբած է: Երբ որդին դառնում է 12 տարեկան, նա որոշում է, որ այդպիսի բան այլևս չպետք է լինի: Երբ հայրը կրկին գոտին ձեռքին ընկնում է որդու հետևից, որդին հարձակվում է հոր վրա: Փրկվելու այս պաշտպանական մեխանիզմը շարունակվում է մինչև հասուն տարիքը: Խմբային թերապիայի ժամանակ ընտանիքում անցկացրածը վերստին զլուխ է բարձրացնում, և նա կարող է դրդել թերապիստին հակառակվել իրեն: Երբ հասկանում է, որ թերապիստը և խմբի մյուս անդամները նրան այնպես չեն արձազանքում, ինչպես իր հայրը, խումբը դառնում է ապաքինման միջոց:

ԿՈԳՆԻՏԻՎ (ԿԱՌՈՒՑՈՂԱԿԱՆ) ԹԵՐԱՊԻԱ

Այս մեթոդը պարզում է, որ մարդկանց ենթադրությունները իրենց, աշխարհի, իրենց ապագայի մասին, ինչպես նաև նրանց անմիջական «automatic» մտքերը, խթանում են զգացմունքների առաջացումը: Օրինակ՝ Արմատացած կարծրատիպը, որ աշխարհը վտանգավոր վայր է, փոխվում է ավելի հուսալի, չափավոր և իրական մի վայրի:

ՌԵԼԱԿՍԱՑՈՆ «հանգստացնող» ԹՈՐԱՊԻԱ (Relaxation Therapy)

Զայրույթի ըմբռնումը

Մկանների Լարվածության Ռելակսացիան, Մեդիտացիան, Երևակայական Պատկերները, Արագ Շնչելը և Խորը Շնչառությունը ուժեղացնում են ռելակսացիան:

ՆԵՐՀԱՅԵՑՈՂԱԿԱՆ ԹԵՐԱՊԻԱ

Ագրեսիայի պատճառ կարող են հանդիսանալ իր հետ կատարված տհաճ դեպքերը, օրինակ՝ լքված լինելու զգացումը: Եթե անձնավորությունն ունեցել է ծնողներ, որոնք վախեցրել են նրան կամ սպառնալով կարգի հրավիրել, ապա ցասումը կարող է ուղեկցել անձնավորությանը ամբողջ կյանքի ընթացքում: Ներհայեցողական թերապիայի մեթոդը օգնում է նրան կապ ստեղծել իր մանկության ընթացքում ապրած դեպքերի և հասունության դեպքերի միջև: Արհամարհանքի և վիրավորանքի դեպքերը աջակողմյան ուղեղի ուղղվածություն ունեն: Ներհայեցողական թերապիան խթանում է աջակողմյան ուղեղը:

ԻՆՉՊԵ՞Ս ՎԱՐՎԵԼ ՑԱՍՄԱՆ ԴԵՊՔՈՒՄ

Իջեցրեք նյարդային տոնը և բարձրացրեք հանգստացնող տոնը շնչառական վարժությունների միջոցով՝ ձգվելով, Պիլատեսով և Յոգայով: Բարձրացրեք վերահսկողությունը, որպեսզի ուժեղանա կապը նախաճակատային կեղևի գործնական շրջանի և լիմբիկ (limbic) համակարգի միջև՝ մարմնամարզության, Պիլատեսի, Յոգայի, ռազմական արվեստի և ուղեղի վարժանքների (Brain Gym) միջոցով:

ԱՊԱՔԻՆՈՒՄԸ

Երբ անձի մոտ հոգեկան անհավասարակշիռ վիճակ է, օրինակ՝ դեպրեսիա, որն ուղեկցվում է ցասմամբ, ապաքինումը կարող է կանխել դրա պոռթկումը: Հակադեպրեսանտները, ինչպիսիք են հավաքական նյարդահաղորդիչ զսպիչները (serotonin reuptake կամ SSRIs), տրամադրության այնպիսի կարգավորիչները, ինչպիսիք են լիթիումը (lithium), հակաջղակծկումային (anticonvulsants) և հակահոգեկան (antipsychotics) դեղամիջոցները, բարձրացնում են նախաճակատային կեղևի (prefrontal cortex) ակտիվությունը, որն իր հերթին նվազեցնում է ագրեսիան:

ԱՋԱԿՑՈՂ ՈՒՂԵԿԻՑ

Աջակցող ուղեկցի հիմնական պարտականությունը ցասումամոլին սթափ վիճակում պահելն է: Ուղեկիցն իր խնամքը կարող է կատարել ինչպես հեռախոսով ամբողջ օրվա ընթացքում, այնպես էլ ուղեկցելով նրան այնտեղ, որտեղ կարող է նա նյարդայնանալ: Նրանք միասին դիետա են պահում, վարժություններ կատարում, մերսում ընդունում, զվարճանում, մեդիտացիա անում, սեղանաբուժությամբ զբաղվում, և աղոթում: Այսպիսի ապաքինման կուրսը սովորաբար տևում է 30 օր կամ ավելի: Ապացուցված է, որ ուղեկցի ներկայությունը ապաքինվող անձի կողքին նվազեցնում է ընտանիքում, աշխատավայրում, իրավական հարցերում առաջացող նրա խնդիրները:

ԱՄՈԹԻ ՆՎԱԶԵՑՈՒՄ

Ամոթը հերքման շարժիչ ուժն է, որից ցասումը ուժգնանում է:

ՀԵՐՔՄԱՆ ՃԱՆԱՉՈՒՄԸ

Երբ հերքում ենք, չենք ընդունում, որ եղածը եղած է: Շարունակ հերքելն անհնար է, քանի որ մյուսների գործողություններից ու փաստարկներից այն կբացահայտվի: Այդ ժամանակ «կռիվ կամ փախուստ» գաղափարը գլուխ է բարձրացնում, և ցասումը պոռթկում է: Երբ ցասման պահին անցնում է, հավանաբար, ամոթի զգացումից դրդված՝ հերքումը նոր թափ է ստանում: Ցասման դրսևորումից ազդված՝ մյուս մարդիկ հասկանում են, որ հերքման համար առիթ չպետք է ստեղծել: Սա անվերջանալի փոխկապակցված գործընթաց է:

ՎԻՐԱՎՈՐԱՆՔԸ ՈՐՈՇԵԼԸ

Հերքումն ու վիրավորանքը խիստ կապված են միմյանց հետ: Հերքման դեպքում չենք ընդունում, որ կատարվածը իրականություն է, իսկ վիրավորանքի դեպքում գտնում ենք՝ այն ինչ կատարվել է, չպետք է կատարվեր: Նման համոզմունքն արդարացված է այնքանով, որ թվում է՝ ամեն ինչ կատարվել է ինչ-որ մեկի ոչ բարի կամքով (և պետք է ուղղվի ինչ-որ երևակայական դատավորի կողմից): Վիրավորանքը հոգեբանական պաշտպանական միջոց է, որն օգտագործվում է անհայտ մի ցանկություն թաքցնելու համար, որի ընդունելը ցավոտ է թվում: Այն ցրելու համար անհրաժեշտ է հստակ իմանալ, թե ինչ ենք ցանկանում կամ ցանկացել:

Ապաքինման միջոցները

Զայրույթն առաջացնում է բազմաթիվ հետևանքներ: Նշում արեք ներքոթվարկյալ այն բացասական հետևանքների կողքին, որոնք ձեր մեջ արձագանք են գտնում: Եթե գտնվում եք զայրույթից ապաքինվելու ընթացքի մեջ, նշում արեք այն դրական հետևանքների կողքին, որոնք ընդունելի են ձեզ համար:

Զայրույթի բացասական հետևանքները	**Ապաքնման դրական հետևանքները (կամ հանգստություն)**
ԲԱՐԿՈՒԹՅՈՒՆ	ՀԱՆԳՍՏՈՒԹՅՈՒՆ
Կասկածամտություն	Վստահություն
Վրդովմունք	Ներողամտություն\Անտեսում
Անապահովություն	Ապահովություն
Ինքնագոհություն	Ինքնաքննություն
Վերահսկելու կարիք	Դրական զիջողականություն
Հարձակում	Պատասխանատվություն
Մեղադրում	Կարեկցում
Մեծամտություն	Ճշմարտամտություն
Բռնկվող	Համբերատար
Հաղթանակ/պարտություն-մրցակցություն	Հաղթանակ/հաղթանակ-համագործակցություն
Փոթորկում	Սթրեսի հաղթահարում-կամ ժամանակի վերահսկում
Ագրեսիվ կամ պասիվ-ագրեսիվ շփման ոճ	Ինքնավստահ շփման ոճ
Սև/սպիտակ շփման ոճ	Մոխրագույն մտածելակերպ
Սահմանների չհստակեցում	Առողջ սահմաններ
Կախվածություն	Ինքնուրույնություն

Կրկնե՛ք բացասական հետևանքների պատճառները:

Ինչպե՞ս կարող եք աշխատել դրական հետևանքներ ունենալու համար:

Ինչպե՞ս կարող էր փոխվել Ձեր կյանքը:

Զայրույթի վրա աշխատելու օգուտները

Ավելի հանդարտ անձնավորություն դառնալու համար առաջին հերթին անհրաժեշտ է հասկանալ, թե ինչու եք որոշել փոխվել: Ճիշտ արդյունքի հասնելու համար ձեզ անհրաժեշտ տեղեկությունները կգտնեք այս գրքի էջերում:

Սկսելու համար թվարկեք փոխվել ցանկանալու պատճառները: Սովորաբար մարդիկ փոխվել ցանկանում են այն դեպքում, երբ կորցնում են աշխատանքը, բարեկամներին կամ որոշ խնդիրներ են ունենում օրենքի հետ: Որո՞նք են այս պահին փոխվել ցանկանալու ձեր պատճառները:

1. ______

2. ______

3. ______

4. ______

Սանդղակի 1-10 աստիճանացանցի վրա ինչպե՞ս կդասակարգեք փոխվել ցանկանալու ձեր դրդապատճառները, երբ 10-ը ամենապատճառաբանվածն է, իսկ 1-ը՝ պատճառի բոլորովին բացակայությունը:

1 2 3 4 5 6 7 8 9 10

Սանդղակի 1-10 աստիճանացանցի վրա ինչպե՞ս կնշեք վարքագիծը փոխելու ձեր պատրաստակամությունը, եթե 10-ը պատրաստակամության ամենաբարձր աստիճանն է, իսկ 1-ը՝ նրա բոլորովին բացակայությունը:

1 2 3 4 5 6 7 8 9 10

Շատ այցելուներ միանում են զայրույթի վերահսկման ծրագրին կա՛մ որովհետև ստիպված են, կա՛մ որևէ դեպքի պատճառով: Զայրույթի վրա աշխատելը շարունակական պրոցես է: Որպեսզի միշտ շահագրգռված լինեք փոխվելու, ինքներդ ձեզ հաճախ հիշեցրեք, թե ինչու եք ուզում դառնալ ավելի հանդարտ և ավելի հասկացող անձնավորություն ու ազատվել ագրեսիվ պահեւլաձնից: Սա զայրույթի վրա աշխատելու մարտավարություններից մեկն է:

Կան որոշակի պատճառներ, թե ինչու են մարդիկ ցանկանում փոխվել.

1. Իմ զայրույթը վախեցնում է զուգընկերոջս, իսկ ես չեմ ուզում վախեցնել մարդկանց:

2. Զայրույթի պատճառով կորցրել եմ մի քանի աշխատանք: Ժամանակն է փոխվելու:

3. Ավելի վստահող և հասկացող լինելը կյանքն ավելի է հեշտացնում:

4. Ես ցանկանում եմ գիշերները հանգիստ քնել:

5. Իմ առողջությունն ու արյան ճնշումը կկարգավորվեն:

Կատարեք նշումներ հանդարտ և ընբռնող լինելու առավելությունների մասին, ստորև բերված աղյուսակում:

1.
2.
3.
4.
5.
6.
7.
8.

Եթե ունեք լրացուցիչ մտքեր, կարող եք ավելացնել:

Ճիշտ կլինի այս ամենն ունենալ Ձեր հեռախոսի նշումների բաժնում այնպես, որ դրանք հասանելի լինեն ձեզ ամեն վայրկյան ըստ հայեցողության:

Այս նշումներն ամեն օր կարդալու նպատակն է օգնել ձեզ ձևավորել նոր մտածելակերպ՝ խելամիտ որոշումներ կայացնելու համար: Այն օրերին, երբ կարդաք նշումները, կարող եք փոխել ձեր վերաբերմունքը շրջապատի և կյանքի հանդեպ ընդհանրապես:

Զարգացնել ընթերցումը

Ճանաչելով սթրեսի ազդանշանները մարմնում օգնում է նվազեցնել սթրեսի մակարդակը

Վերջին մի քանի տարվա ընթացքում մարմնին ...

Ֆիզիկական

Արմրի որեք իսի դու ցեմ ծաշում
Աշքերի թարթում
Արո աշխատանի դրամաացում
Մղգասթում
Աստամրի խաղարում
Հոգնածություն
Շնթերի դող
Կոշկականմի գալ
Լարվ(ած) և սայիվ(ած) մկաներ
Ծնոտի սեղմ(ածություն)
Վի փայ(ո)ացում
Արտմներ(ի) կրճացում
Ս(ր)տ(ի) հետ կապ(ված) դժվար(ություն)
Գլխացավ
Արագի թիկ-թիկ կապ(ում)

Զգացմունքային

Անկատարություն
Դեպրեսիա
Ֆրուստրացիա
Հուսահատություն
Տագր ինքնագնահատական
Անհանգստություն
Դյութարություն
Հուզմունք
Ճնշվածություն
Մտահոգություն
Անկիմարություն
Շիռնաղություն/հարտահարում
Վախ
Շիռնատություն
Զայրյու

Բնելիբորիսասական (Վարքագծային)

Հոգվածություն
Կարծ պատասխաններ
Զայիրց շատ/քթրի սմախ
Ամլի շատ խմիչ
Ճախարաղայիր ցատում
Փոխինտություեր(ի) հետում
Հարերիթություն(ներ)ում
Ամա(ն)շարռում
Իրդ(ն) հետ պատ(ել)
Առռււձ(ն)ագում
Ստաղջատություն
Ծիմ(ն)/ կամ թմ(ո)ններ
Ամ(ն)ախ(ո)ում
Ամ(ն)ածտություն
Ամ(ն)ական
Մատատից խառ(ում)
թորռ(ա)փ(ո)ումն/հատությու
Տա(լ) և աշ(ն)ատա(...)

Կոգնիտիվ (իմացական)

«Ի՞նչ է սառռում: Ինչու՞ ս կարող եղ ալի մասին մտածում...»:
«Օ, ոչ, ես կարծում, որ կարող եմ հրաժարանցնել ղա»:
«Ես հաշորդության չեմ հասնի»:
«Ես չեմ կարող գտնել գույք բերել»:
«Ես չեմ կարող դա անել»:
«Ես դա միատաժմ(ան) է արել»:
«Ինձ ոչ ոք օգնում»:
«Ես կողմնում է իմ կյանք: Ոս նրա մեջ...»:
«Ես մտքերի եստտել է: Ոս մ(ն)ալ իր մտքին է հոգտա...»:
«Ես մտքերի հրրյումամ(ն) է: Ոս լավ գիրին ի՞նչ է ատամ...»:
«Այն հա է, որ ujkup է ...»:
«Ոս յացվ(ի) ...»:
«Ոս օգնատյան կարիք ունեմ»:

20

ԶԱՅՐՈՒՅԹԻ ՀԻՄՆԱԿԱՆ ԱՂԲՅՈՒՐՆԵՐԸ. ԶԱՅՐՈՒՅԹՆ ԱՐՏԱՀԱՅՏԵԼՈՒ ԱՆՀՐԱԺԵՇՏՈՒԹՅՈՒՆՆ ԸՆԴԴԵՄ ՆԵՐՄՈՒՄ ՊԱՀԵԼՈՒՆ

Զայրույթը հասկանալու համար անհրաժեշտ է տարբերել զայրույթի երկու տարածված աղբյուր՝ սպառնալիք և հուսախաբություն:

1. Սպառնալիք: Մենք սպառնալիք ենք զգում, երբ կարծում ենք, թե կորցնում ենք մեր ազդեցությունը:

2. Հուսախաբություն: Մենք հուսախաբված ենք, երբ մեր ցանկությունններն ու պահանջմունքները չեն բավարարվում:

Սպառնալիք կամ հուսախաբություն զգալով՝ մենք նաև անօգնական և վիրավորված լինելու զգացում ենք ունենում, որը շատ հաճախ տանում է դեպի Մտահոգություն: Մտահոգությունն անտանելի վիճակ է, և մենք անում ենք ամեն ինչ՝ լարվածությունը թուլացնելու համար: Մեր գործողությունները կախված են հետնյալ իրավիճակներից.

a. Եթե զգում ենք, որ արժանի ենք այն ամենին, ինչ կատարվում է, մենք մեղքի զգացում ենք ունենում, մեղադրում ենք ինքներս մեզ: Այս դեպքում ինքնամփոփ ենք դառնում և բարկանում ենք ինքներս մեզ վրա: Հետևաբար, դա ավելի է մեծացնում մտահոգությունը, որն իր հերթին առաջացնում է անօգնականության զգացում:

բ. Եթե զգում ենք, որ արժանի չենք կատարվածին, կարող է մեր զայրույթն արտահայտենք բարձրաձայն: Դրա հետևանքները կարող են լինել մյուսներին վիրավորելը, բղավելը, ուրիշներին մարմնական վնաս հասցնելը կամ իրեր կոտրելը:

գ. Մեր մտահոգության զգացումն արտահայտելու լավագույն միջոցներից են ինքնավստահ խոսելը, խորը շունչ քաշելը կամ ֆիզիկական վարժություններ կատարելը: Միայն ուրիշի փորձով առաջնորդվելը բավական չէ, եթե մեր զգացածը չկիսենք կամ լարվածությունը թուլացնելու ավելի առողջ միջոցներ չգտնենք:

դ. Որոշ մարդիկ զայրույթը ներսում են պահում, մյուսներն արտահայտում են: Երբ զայրույթն արտահայտվում է բարձրաձայն, մենք կարող ենք վիրավորել շրջապատի մարդկանց՝ կորցնելով մեր հենարանը: Իսկ երբ այն պահում ենք մեր մեջ, մենք վնասում ենք ինքներս մեզ և կարող ենք դեպրեսիայի մեջ ընկնել:

ե. Եկեք դիտարկենք զայրույթը բարձրաձայն արտահայտելու մի քանի օրինակ, որոնք հակադրվում են չարտահայտվելուն:

Զայրույթի ըմբռնումը

Արտահայտված զայրույթ	*Չարտահայտված զայրույթ*
Զայրույթն արտահայտել խոսքերով՝ բղավել	Անտրամադիր լինելու զգացում
Կառավարել	Լրացուցիչ նյութի օգտագործում
Ղեկավարել ուրիշներին	Ապերջանիկ լինելու զգացում
Թշնամություն	Վիրավորված լինելու զգացում
Բռունցք թափահարել ուրիշների մոտ	Մեղքի զգացում
Վիրավորական արտահայտություններ	Ստորացված լինելու զգացում
Ահ, երկյուղ	Ինքնագնահատման ցածր աստիճան
Սպառնալիքներ	Առանձնացում
Նախատինք	Դժված լինելու զգացում
Ցասում	Անօգնական լինելու և իշխանություն չունենալու զգացում
Ծաղրանք	Տհաճության զգացում
Վնաս ունեցվածքին	Շատակերություն

Սրա նպատակը որոշակի աշխատանքի միջոցով զայրույթից ազատվելն է: Մի՛ անտեսեք այն:

Գործնական քայլեր անել՝ խնդիրը/իրավիճակը փրկելու համար

Սկզբի համար ճիշտ կլինի սովորել զգացմունքներն արտահայտել հարգալից և տեղին, այնպես, որ լսելի լինեք:

Այլ հնարավորություն է տիրապետել խնդիրներ լուծելու հմտություններին և աշխատել շրջանցել կյանքում հանդիպող տարբեր սադրանքներն ու սթրեսները:

Աշխատանք՝ զայրույթից ազատվելու ուղղությամբ

Եթե պատրաստ չեք որևէ քայլ անել, օրինակ՝ ձեր մտահոգությունների պատճառը կապել զայրույթի աղբյուրի հետ կամ փոխել իրավիճակը, ուրեմն հաջորդ լավագույն քայլը կլինի մտածել ձեր առողջության և ձեր զայրույթի մասին:

1. Խոսեք մեկի հետ, ում վստահում եք, և թեթևացրեք ձեր հոգսերը:
2. Ֆիզիկական մարմնամարզություն. սա հոյակապ միջոց է բացասական հույզերը թոթափելու համար:
3. Գրանցումներ արեք. գտեք ձեր զայրույթի աղբյուրը: Պարզաբանեք դա այնպես, որ կարողանաք ինքներդ ձեզ օգնել:
4. Խորհեք. ինքնավստահ եղեք և հոգ տարեք ձեր մասին:

Ինչ էլ որ անեք, մի՛ անտեսեք ձեր զայրույթը: Մտածե՛ք զայրույթի աղբյուրի մասին, փոխե՛ք իրադրությունը և հոգացե՛ք ձեր առողջության համար:

ԶԱՅՐՈՒՅԹԻ ՊԱՀԵՐՆ ԱՐՁԱՆԱԳՐԵԼԸ

Զայրույթի պահերի գրանցման նպատակն է հետևել այնպիսի իրավիճակների, որոնք ձեզ զայրացնում են: Զայրույթին ուշադրություն դարձնելը կօգնի ձեզ ճիշտ որոշում կայացնել, երբ հայտնվեք որևէ անսովոր իրավիճակում, ինչպես նաև կօգնի կանխել նման իրավիճակները ապագայում: Եկե՛ք նայենք գրանցված նմուշներից մեկին:

1. **Ինչպիսի՞ն էր իրադրությունը:** Սուպերմարկետներից մեկում ես սպասում էի իմ հերթին: Երբ բացվեց վճարման բաժիններից մեկը, իմ ետևում կանգնած տղամարդը շտապեց այնտեղ՝ ձևացնելով, որ ինձ չի նկատել:
2. **Ի՞նչ ձեռնարկեցիք:** Ես նրան ասացի. «Ի՛նչ է, չե՞ք տեսնում, որ ես ձեզնից առաջ եմ կանգնած և դուք պարտավոր էիք հարցնել՝ արդյոք չե՞մ ուզում առաջինը մոտենալ»:
3. **Ի՞նչ նպատակ էիք հետապնդում:** Ես ուզում էի նրան հասկացնել, որ նա իզուր է անտեղյակ ձևանում, և ցանկանում էի մի լավ դաս տալ նրան:
4. **Իսկ դուք հասա՞ք ձեր նպատակին:** Այո՛, (Ո՛չ), Ինչ-որ տեղ:
5. **Ի՞նչ էիք մտածում այդ ամբողջ ընթացքում:** Նա իրեն բանից անտեղյակի նման էր պահում: Նրան թվում է, թե միշտ կարող է այդ ձևով իր գործերը առաջ տանել: Իսկ ի՞նչ, եթե ես այնպիսի անձավորություն եմ, որ չեմ կարող ինքս ինձ պաշտպանել: Նրա նմաններին պետք է մի լավ դաս տալ:
6. **Ի՞նչ զգացումներ ունեիք այդ ընթացքում:** Զգում էի՝ կարծես ինչ-որ մեկն ուզում է իմ միջոցով առիթից օգտվել, և սաստիկ բարկացել էի:
7. **Ի՞նչ եղավ արդյունքում:** Նա բղավեց ինձ վրա և ասաց, որ գնամ իմ գործին: Հետո եկան ոստիկանները, և ես օրենքի հետ խնդիրներ ունեցա: Հիմա ստիպված եմ Զայրույթի կառավարման դասընթացներ անցնել:
8. **Ֆիզիկական ուժի դիմեցի՞ք:** Այո՛, (Ո՛չ)
9. **Իսկ ինչ-որ մեկը ֆիզիկապես տուժե՞ց:** Այո՛, (Ո՛չ): **Բառոյապե՞ս:** (Այո՛), Ո՛չ: **Եթե այո, ապա ինչպե՞ս:** Նա սպառնաց, որ ոստիկան կկանչի, բայց ինքն էլ պետք է որ վախեցած լիներ:
10. **Ինչպե՞ս էիք զգում ձեր ռեակցիայից հետո:** Սկզբում՝ բարկացած, իսկ հետո վախ ունեի, որ կինս ինձ կիանդիմանի, քանի որ չէի կարողացել իրադրությանը ճիշտ լուծում տալ:
11. **Ուրիշ ի՞նչ կարող էիք ձեռնարկել:** Կարող էի մարդուն ստիպել՝ ասելով. «Ներեցեք, բայց հիմա իմ հերթն է: Հուսամ՝ դեմ չեք, որ առաջինը ինձ սպասարկեն»:
12. **Ի՞նչ մտքեր կարելի էր ունենալ ավելի լավ արդյունքի հասնելու համար:**

Իմ զայրույթի պահերը, մտքերը, պատճառները

ա) Մեծ բան չէ, կարելի է մի քանի րոպե սպասել:

բ) Ուրիշներին բան սովորեցնելը իմ գործը չէ:

գ) Մարդիկ տարբեր են, և որքան դա հասկանամ, այնքան համբերատար կլինեմ նրանց նկատմամբ:

Վերջին հարցն ամենակարևորն է այս աշխատանքում: Երբ արդեն տեղյակ եք անհարկի և կառուցողական մտքերի օրինակներին, կարող եք հեշտությամբ փոխել ձեր մտքերն ու վարվելակերպը և համապատասխան իրավիճակում հայտնվելիս անել ճիշտ ընտրություն:

Զայրույթի պահերն արձանագրելը կօգնի ձեզ ազատվել անհարկի իրավիճակներից: Տեղեկացված լինելը փոփոխություն անելու առաջին քայլն է:

Զայրույթի պահերն արձանագրելը

1. Ինչպիսի՞ն էր իրադարձությունը--

----

2. Ի՞նչ ձեռնարկեցիք--

----

3. Ի՞նչ նպատակ էիք հետապնդում---

----

4. Հասա՞ք ձեր նպատակին. Այո՛, Ո՛չ, Ինչ- որ տեղ

5. Ի՞նչ էիք մտածում այդ ամբողջ ընթացքում--

----

6. Ի՞նչ եղավ արդյունքում---

----

7. Ֆիզիկական ուժի դիմեցի՞ք: Այո՛, Ո՛չ:

8. Ինչ-որ մեկը ֆիզիկապես տուժե՞ց: Այո՛, Ո՛չ: Բարոյապե՞ս: Այո՛, Ո՛չ: Եթե այո, ապա ինչպե՞ս:

----

9. Ուրիշ ի՞նչ կարող էիք ձեռնարկած լինել:---

----

10. Ուրիշ ինչ մտքեր կարելի է ունենալ ավելի լավ արդյունքի հասնելու համար:

Իմ զայրույթի պահերը, մտքերը, պատճառները

1.--

2.--

3.--

Գործնական աշխատանք. Ձեր բարկությունն ավելի հեշտ կառավարելու համար պատասխանեք այս հարցերին մանրամասնորեն՝ հետևելով յուրաքանչյուր դրվագին:

Իմ զայրույթի պահերը, մտքերը, պատճառները

ԶԱՅՐՈՒՅԹԻ ԸՆԹԱՑՔԸ
Զայրույթի զգացում

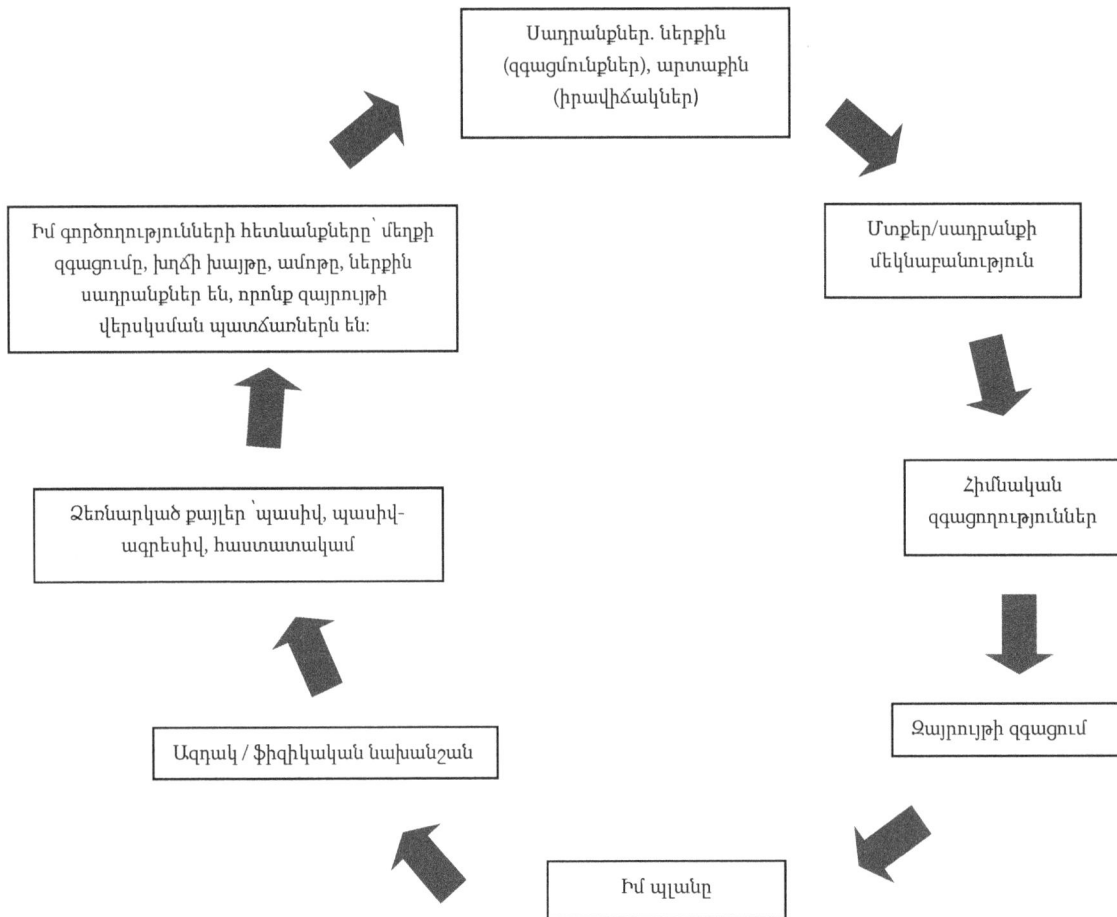

Սադրանք. Ես ազդանշանը միացրած սպասում եմ, որ տեղ ազատվի մեքենաս կայանելու համար, իսկ ինչ-որ մեկը գալիս ու զբաղեցնում է իմ տեղը:

Մտքեր/մեկնաբանություն. Մարդը գիտեր, որ ես սպասում էի, և տեղը զբաղեցնելով՝ վիրավորեց ինձ:

Հիմնական զգացողություններ. Սթրես և անհանգստություն, որովհետև ուշանում էի, մի փոքր անօգնական, քանի որ չգիտեի՝ ինչպես վարվել:

Զայրույթի զգացում. Զայրացած և կոտրված:

Իմ պլանը. Վրեժխնդիր լինել. «Ես քեզ ցույց կտամ»: Ես կամ կկոպտեմ նրան, կամ կփակեմ նրա մեքենայի ճանապարհը:

Ազդակներներ/ ֆիզիկական նախանշաններ. Ադրենալինի բարձրացում, ոչ խորը շնչառություն և սրտի արագ աշխատանք:

Ձեռնարկած քայլեր. Ագրեսիվ. ես միացնում եմ մեքենայի շչակը և բղավում եմ նրա վրա իր անխոհեմության պատճառով:

Հետևանքը. Ամոթի և մեղքի զգացում, որ չկարողացա իրավիճակի տերը լինել և հաղթող դուրս գալ: Երեխաս ինձ հետ էր և ականատես եղավ իմ բղավոցներին: Ես վատ օրինակ դարձա որդուս համար:

Ներքին սադրանք. Մեղքի զգացումը կարող է դրդել, որ զայրույթի պահերը նորից կրկնվեն:

ԶԱՅՐՈՒՅԹԻ ԿԱՆԽՈՒՄԸ

Հիմա, երբ գիտենք, որ զայրույթի ընթացքը կախված է բազմաթիվ հանգամանքներից, եկեք մանրամասն դիտարկենք յուրաքանչյուր հատված և տեսնենք, թե ինչպես կարող ենք օգտակար լինել ձեզ՝ լարվածությունը թուլացնելու համար: Ձախակողմյան սյունակում թվարկված են նախորդ էջում բերված զայրույթի ընթացքի բաղկացուցիչ մասերը, իսկ աջ սյունակում բերված են այն միջոցները, որոնք կարող են բուժիչ լինել կամ ձախակողմյան սյունակի հակակշիռը: Այդ հմտությունները մանրամասնորեն բացատրվում են ամբողջ գրքի ընթացքում և պետք է օգտագործվեն բացասական հետևանքներին հակակշիռ դառնալու համար:

Իրադարձություն/շարժառիթ	• *Խնդիրների լուծում սադրանքային իրավիճակից դուրս գալու համար* • *Խուսափեք սադրանքներից*
Խոհեր/ սադրանքի վերլուծություն	• *Հակադրվող մտքեր* • *Իրավիճակը վերլուծող այլ ձևեր*
Զգացմունքներ/ հույզեր	• *Տարբերակեք հիմական և երկրորդական զգացմունքներն ու հույզերը* • *Արտահայտեք զգացմունքները հասկանալի ձևով*
Պլան	• *Այլընտրանքային տարբերակներ* • *Կազմեք ավելի լավ պլան՝ խորհրդակցելով ուրշների հետ*
Իմպուլսիվ/ ֆիզիկական նախանշաններ	• *Լարվածության թուլացում* • *Խորը շնչառություն* • *Մարմնամարզություն*
Ձեռնարկած քայլեր	• *Վարքագծի փոփոխություն/ ինքնահաստատում* • *Հեռացեք, եթե անհրաժեշտ է*
Մեղքի, խղճի խայթի զգացումներ	• *Սովորեք հանդուրժել ձեր հույզերը* • *Ազատություն տվեք ձեր զգացմունքներին/ գրի առեք դրանք կամ զրուցեք մարդկանց հետ*

Սադրանքներին դիմադրելու համար սկզբնական փուլում ձեռնարկած քայլերն ավելի արդյունավետ կլինեն, քան հետագա փուլերում: Որոշ դեպքերում, հատկապես վերջին փուլերում, կարող է նույնիսկ անհնար լինել պայքարելը:

ԶԱՅՐՈՒՅԹ ԱՌԱՋԱՑՆՈՂ ՄՏՔԵՐ

Պարզապես ընդունենք, որ սադրանքն այն է, ինչը ստիպում է արձագանքել, և կարող է այնքան ակնհայտ լինել, որքան մեքենայի արագ արգելակման ձայնը, կամ այնքան խորամանկ, որքան կողքովդ անցնողի վատ հայացքը: Սադրանքն արթնացնում է անցյալի հիշողություններ՝ առաջացնելով վախ, ցասում կամ կիրք: Այս դեպքում մենք կորցնում ենք ներկա ժամանակի մեր զգացողությունը և ուշադրությունը բևեռում մեզ վրա ազդող նյութին: Վաղեմի հիշողությունները փոխանցվում են, և մենք արձագանքում ենք ամենաչնչին բաներին: Այս դեպքերում փրկվելու մեր բնազդը միջանկյալ ուղեղում հեռացնում է ուղեղի բարձրաստիճան, խոհեմ քայլերի ֆունկցիաները, որի հետևանքով առաջանում է կռվի ցանկություն, հարձակողականություն կամ սառը պատասխան:

Սադրանքները կարող են առաջացնել դրական կամ բացասական հույզեր: Ինչպես սեռական ակտերը, այնպես էլ վեճերը կարող են նյարդային համակարգն այնպես լարել, որ սաստիկ ճնշված զգաս, կամ հակառակը՝ բերկրանքի զգացողություն ունենաս: Այս արագ փոփոխությունը սասանում է ինքնատիրապետումը: Իրենց անցյալում ֆիզիկական կամ զգացմունքային խնդիրներ ունեցող մարդիկ, հավանաբար, սադրանքը համարում են ոչ սթափ պաշտպանական մեխանիզմ, որը կարող է նմանվել ծունկ ոլորելու պատճառով արձակած ճիչին, իսկ մարդը կդիտվի որպես «մազերը պոկոտող» անձնավորություն: «Հիստերիան անցյալի հետևանք է»,- ասում է ասացվածքը: Եթե մեր զգացմունքները ազդված են ինչ-որ բանից, ապա սովորաբար ներկա է անցյալի չապաքինված վերք, որն անորոշ է դարձնում մեր հետագա քայլերը: Մեր այսօրվա պահվածքը գալիս է անցյալի հիշողություններից:

Որքան շատ ենք շփվում մարդկանց հետ, այնքան զայրույթի շարժառիթները շատանում են: Բոլորիս զգացողություններն էլ կարող են լարվել տարբեր սադրանքների պատճառով: Դրանք մեծապես սահմանափակում են մեր վարքագծի հնարավորությունները: Եթե կարողանանք իմանալ, թե որտեղից են գալիս այդ գրգռիչ ազդակները, մենք կկարողանանք վերահսկել մեր պատասխան ռեակցիաները: Այլևս կարիք չենք ունենա մեղադրելու շրջակա աշխարհին կամ ոչնչին մեր վիճակի համար, և զբաղվելու ինքնահաստատմամբ:

Ներքևում բերված են զայրույթ առաջացնող մտքեր, որոնք խմբավորված են 5 բնորոշումներում.

Չափազանցում, Պիտակավորում, Գերադասում, Մտադրությունը հասկանալը, Ենթադրություն: Ցուցակն ընթերցելիս նշում արեք ձեզ զայրացնող այն մտքի կողքին, որը հավանաբար զգացել եք զայրույթի պահերին:

Չափազանցում. Կենտրոնանում է հիմնականում իրադրության բացասական կողմերի վրա:

______1. Դու երբեք չես անում այն, ինչ ես եմ խնդրում:

______2. Դու միշտ անում ես քո գործերը, իսկ իմ գործերին ուշադրություն չես դարձնում:

______3. Ինձ համար երբեք ժամանակ չես ունենում:

______4. Դու միշտ հսկում ես ինձ և թելադրում՝ ինչ անել:

Իմ զայրույթի պահերը, մտքերը, պատճառները

_____5. Մարդիկ չեն էլ ուզում ինձ ճանաչել:

Պիտակավորում. Օգտագործվում են բառեր մարդկանց վիրավորելու և պիտակավորելու համար:

_____1. Քո արարքը ծիծաղելի է հիմա:

_____2. Դու խարդախություն ես անում:

_____3. Նա «ոսկի փորող» է (շահամոլ), որովհետև, երբ դուրս ենք գալիս, նա միշտ ցանկանում է, որ թանկ ռեստորաններ գնանք:

_____4. Նա խոզ է: Նա ինձ հետ շատ վատ է վերաբերվում իր կարիերայի պատճառով:

_____5. Դու անպայման ինքդ պետք է ճիշտ լինես: Դու չես ուզում իմ ասածը լսել, էլ ինչի՞ մասին է խոսքը:

Գերադասում. Եթե ինչ-որ բան ես ուզում, ուրեմն կարծում ես, որ այն անպայման քոնը պետք է լինի:

_____1. Սա իմ տեղն է: Դասարանում ես միշտ այստեղ եմ նստել:

_____2. Ես նրան փող եմ վճարել այս սեմինարի համար: Ճիշտ կլինի, որ կողքիցս չհեռանա և միշտ պատասխանի հարցերիս:

_____3. Նա ստիպված է ինձ ծառայել. իմ մատուցողն է:

_____4. Նա իմ ընկերուհին է. պարտավոր է ինձ գոհացնել:

_____5. Նա հաճախորդներին սպասարկող է. պետք է ինձ օգնի:

Մտադրությունը հասկանալը. Քեզ թվում է, թե գիտես՝ ինչ են մտածում կամ զգում մյուսները, առանց նրանց հետ պարզաբանելու:

_____1. Դու միտումնավոր ես այդպես անում, պարզապես ինձ նյարդայնացնելու համար:

_____2. Դու հակառակվում ես այն ամենին, ինչ ասում եմ: Ինչո՞ւ չես կարող գոնե մեկ անգամ ինձ հետ համաձայնել:

_____3. Ես գիտեմ, որ դա քեզ չի հուզում: Դու դա անում ես պարզապես ինձ հանգստացնելու համար:

_____4. Ես գիտեմ, որ իրականում դու չես ուզում գնալ:

_____5. Քեզ թվում է՝ չե՞մ հասկանում, թե իրականում ինչ ես մտածում իմ մասին:

Ենթադրություն. Երբ դու ուրիշի վերաբերմունքին կարևոր նշանակություն ես տալիս:

_____1. Եթե իրոք ինձ սիրում ես, ուրեմն պետք է առաջարկեիր ինձ հետ գնալ:

_____2. Դու ինձ չես զանգում, որովհետև բոլորովին մոռացել ես իմ մասին:

Իմ զայրույթի պահերը, մտքերը, պատճառները

______3. Եթե իրոք ցանկանում էիր աշխատել այստեղ, պետք է հետևեիր իմ խորհուրդներին:

______4. Եթե իրոք հոգ էիր տանում հաճախորդների մասին, դու պետք է անեիր՝ ինչպես ես էի խնդրում:

______5. Դու ակնհայտորեն չես հարգում ինձ, որովհետև միշտ խույս ես տալիս ինձնից:

Որո՞նք են ձեր նյարդերի վրա ազդող շարժառիթները: Գրի առեք դրանք և աշխատեք հիշել, որպեսզի առիթի դեպքում ուշադիր լինեք: Ավելի տարածված են նյարդայնացնող հետևյալ դեպքերը՝ կանխատեսվող սթրեսի պահերը, ինչպիսիք են՝ բիզնես ժողովները, վերջնաժամկետները, ամսաթվերը, որոնցից ինչ-որ բան է կախված, ուրիշների գործերին խառնվելը կամ հանրահայտ իրադարձությունների տարեդարձները: Երբ զգում ես, որ նյարդայնանում ես, որոշիր պատճառը և ավելացրու ցանկի մեջ:

Երբ հաջորդ անգամ նյարդայնանաք, բարձրաձայն կրկնեք պատճառը. «Ինձ վրա բղավեցին, որից ես նյարդայնացա»: Կրկնեք դա մի քանի անգամ, իսկ հետո խորը շունչ քաշեք: Եթե տեղին է պատասխանելը, ապա պատասխանեք: Բայց նախ համոզվեք, որ հավասարակշիռ վիճակում եք: Սա կյանքին հարմարվելու ամենադժվար քայլն է, որ կարող եք անել, ուրեմն համբերատար եղեք ձեր հանդեպ:

Ահա լարվածություն առաջացնող սադրանքի մի քանի օրինակ.

1. --
2. --
3. --
4. --
5. --
6. --
7. --
8. --
9. --
10. ---

ՀԱԿԱԶԴՈՂ ՄՏՔԵՐ՝ ԶԱՅՐՈՒՅԹԸ ԿԱՆԽԵԼՈՒ ՀԱՄԱՐ

Դրական հույզեր առաջացնելու համար կարևոր միջոց են հակազդող մտքերը: Ճանաչողական տեսության համաձայն մեր մտքերն ուղղակիորեն ազդում են մեր զգացմունքերի վրա: Այսպիսով, եթե մեր մտքերն անտրամաբանական են կամ բացասական, ամենայն հավանականությամբ մենք անտեղի կնյարդայնանանք: Այս վարժության նպատակն է օգնել ձեզ իրատեսորեն գնահատել իրավիճակը:

Զայրացնող մտքեր	**Հակազդող մտքեր**
Նա դա արել է միտումնավոր: Ես նրան ցույց կտամ:	1) Որտեղի՞ց գիտեմ, որ դա արվել է միտումնավոր: Գուցե նա չի էլ հասկացե՞լ, որ իր արարքն ինձ վրա վատ է ազդել: 2) Եթե նույնիսկ ես նրան ցույց տամ, նա կարող է անգամ չհասկանալ, թե ինչ դաս եմ ուզում նրան տալ: 3) Ես միշտ չէ, որ վստահում եմ մարդկանց, ուրեմն սա կարող է լինել մեկ այլ իրավիճակ, որտեղ ես սխալ եմ մեկնաբանում նրա գործողությունները:
Ես չէ, որ բացատրություն պետք է տայի:	1) Չնայած շատ կցանկանայի, որ իմ գործընկերը կարդար իմ մտքերը, սակայն գիտեմ՝ դա համարյա անհնար է: 2) Սեփական զգացողություններս ըստ պատշաճի արտահայտելն իմ մարտահիրավերն է: Իմ գործընկերն ասում է, որ չի հասկանում ինձ, ուրեմն պետք է բարի լինեմ հետագա բացատրություններ տալու: 3) Շփման նպատակը պարզաբանումն է:

Իմ զայրույթի պահերը, մտքերը, պատճառները

Ես չեմ կարող վստահել մարդկանց:	1) Ո՞վ ասաց: Եթե ինձ դավաճանել են նախկինում, չի նշանակում, որ էլի կդավաճանեն: 2) Ես վստահել եմ իմ ընկերոջը: Գուցե իմ ակնկալիքներն այնքան բարձր են, որ չեմ կարողանում որևէ մեկին ավելի մոտ լինել: 3) Կախված այն հանգամանքից, թե ինչպես եմ ընկալում իրավիճակը, ես հաճախ մարդու մեջ գտնում եմ մի բան, որն անվստահություն է առաջացնում:
Նա ինձ զայրացնում է:	1) Ոչ ոք ինձ չի զայրացրել: Ես զայրացել եմ, որովհետև սխալ եմ մեկնաբանել իրավիճակը: 2) Այնպիսի տպավորություն է, կարծես ուզում եմ իմ զգացածի համար մեղադրել մեկ ուրիշին, չնայած գիտեմ, որ դրա պատճառն անցյալն է և իմ ակնկալիքները: 3) Նա չի ստիպել ինձ զայրանալ կամ ասել, որ պետք է զայրանամ: Իրականում դա ընտրություն է:

Ցուցումներ. Թվարկե՛ք զայրացնող մտքերը մեկ սյունակում, իսկ հակազդող մտքերը՝ մյուս սյունակում:

Զայրացնող մտքեր	**Հակազդող մտքեր**

Իմ զայրույթի պահերը, մտքերը, պատճառները

* Առաջարկվող այս մեթոդից առավել արդյունք ստանալու համար խորհուրդ ենք տալիս ամեն օր գրի առնել հակազդող մտքերը: Եթե հետևողական լինեք, շուտով կնկատեք դրական փոփոխություններ ձեր մտածելակերպի մեջ: Ժամանակի ընթացքում հակազդող մտքերը կգան ինքնըստինքյան և ձեզ համար կդառնան սովորական:

Իմ զայրույթի պահերը, մտքերը, պատճառները

Զայրույթ առաջացնող իրավիճակներ և որոշ ցավոտ հարցեր

Կան զայրույթ և հուսախաբություն առաջացնող բազմաթիվ իրավիճակներ: Կարդացե՛ք հետևյալ ցուցակը և որոշե՛ք, թե որքանով կարող են դրանք փչացնել ձեր տրամադրությունը: Հետևե՛ք հերթականությանը՝

0. Սադրանք չկա 1.Թեթև սադրանք 2.Չափավոր սադրանք 3.Խիստ սադրանք

Սովորական իրավիճակ

1.Հասարակական վայրերում բջջային հեռախոսներով բարձր խոսողները

2.Վերելակներում տարվող զրույցները, որոնք չափազանց անձնական են

3.Վերելակներում տարվող զրույցներ զլուխ գովելու, վատաբանելու կամ մյուսներին ինչ-որ բաներ ցուցադրելու համար

4.Փոքրիկ գողություններ, ինչպիսիք են լրագրի, բույսերի կամ հովանոցի գողությունները մուտքի դռան մոտից

5.Ծխել չթույլատրվող տեղերում ծխելը

6.Քեզնից առաջ անհերթ անցնելը

7.Մարդիկ, ովքեր չեն ընդունում «Ոչ» պատասխանը

8.Առևտրի հանդեպ հավակնություն ունեցող մարդիկ

9.Պասիվ-ագրեսիվ մարդիկ, որոնք ղեկավարում են, վերահսկում կամ իրադրությունը շրջում իրենց ցանկացած ուղղությամբ:

10.Բարձր ձայնով ծամոն ծամելը կամ պայթեցնելը

11.Մարդիկ, որոնք իրենց պատշաճ չեն պահում աշխատավայրում, հասարակական վայրերում, ընկերական շրջապատում

12.Քո վիճակի մասին ոչինչ չիմացող մարդկանցից խորհուրդներ ստանալը

13.Մարդիկ, որոնք չափից շատ են խոսում

14.Մարդիկ, որոնք չարչարում են կենդանիներին կամ երեխաներին

15.Մարդիկ, որոնք ստում են

16.Մարդիկ, որոնք բամբասում են

17.Մարդիկ, որոնք բողոքում են ինչ-որ բանից, ինչը փոխել չի լինի, ինչպես քամին

18.Մարդիկ, որոնք զգուշացվելուց հետո անգամ շարունակում են անել նույն բանը

19.Կաթնեղենի կամ հացի բաժնում աշխատողը բաց է թողնում ձեր հերթը

Իմ զայրույթի պահերը, մտքերը, պատճառները

20.Դուք ժողովի եք նստած, տնօրենը շարունակ ուրիշներին է ձայն տալիս, իսկ ձեզ՝ ոչ

21.Մարդիկ, որոնք կարծում են, թե հիմարացրել են ձեզ, երբ դուք ամեն ինչ հասկանում եք

22.Մարդիկ, որոնք մեղադրում են մյուսներին իրենց անհաջողությունների համար

23.Մարդիկ, որոնք քո նախադասությունը ավարտում են քո փոխարեն

24.Մարդիկ, որոնք տաղանդ ունեն, բայց ոչինչ չեն անում այն զարգացնելու համար և շարունակ դժգոհում են, որ կյանքից ձանձրանում են

25.Մարդիկ, որոնք չեն ցանկանում ոչինչ անել իրենց նպատակին հասնելու համար

26. Մարդիկ, որոնք հեռախոսազանգեր են ստանում հեռուստատեսությամբ վաճառք իրականացնողներից

Սոցիալական հաղորդակցման միջոցներ

1.Մարդիկ, որոնք հրաժարվում են սովորել նոր տեխնալոգիաների հետ աշխատել

2.Մարդիկ, որոնք չգիտեն, թե ինչ չգիտեն և չեն ուզում սովորել:

3.Մարդիկ, որոնք համարում են, որ *Ֆեյսբուքը* իրական կյանքն է և հենվում են նրա վրա

4.Մարդիկ, որոնք շինծու տեղեկություններ են ուղարկում ուրիշներին

5.Մարդիկ, որոնք նկարները պիտակում և ուղարկում են առանց քեզ տեղյակ պահելու

6.Դու տեսնում ես քո ընկերներին ինչ-որ հավաքույթում, իսկ քեզ տեղյակ չեն պահել այդ մասին

7. Սոցկայքերում տեսնում ես քո նախկին ընկերոջն ուրիշի հետ

8.Մարդիկ, որոնք չափից շատ են հայտնվում սոցկայքերում

9.Խորամանկություն. մարդիկ, որոնք օգտագործում են կեղծ նկարներ իրենց պրոֆիլի համար

Մեքենավարություն

1.Մեքենայի «պոչին նստելը»

2.Ագրեսիվ կամ ցուցադրաբար վարելը

3.Երթևեկության գերբեռնվածությունը, երբ դուք ուշանում եք ժողովից

4.Դուք սպասում եք մեքենան կայանելու համար ազատ տեղի, իսկ ինչ-որ մեկը հայտնվում է ու զբաղեցնում ձեր տեղը

5.Մարդիկ, որոնք վարում են արգելված տեղով քեզնից առաջ անցնելու համար

6.Անխոհեմ վարորդներ, որոնք չեն կարող թույլ տալ, որ մեկը առջևից գնա

7.Մարդիկ, որոնք վարելու ընթացքում խոսում են հեռախոսով այն վայրերում, որտեղ չի թույլատրվում

8.Մարդիկ, որոնք մեքենան ձեր առջևից քշելիս կտրուկ արգելակում են, ինչը ստիպում է ձեզ նույնպես անմիջապես արգելակել՝ գրեթե առաջացնելով պատահար

9.Վարորդը, որը կարմիր լույսի տակ կանգնած չի նկատում, որ արդեն կանաչ լույսն է վառվում

10.Կանայք, որոնք դիմահարդարվում են վարելու ընթացքում

11.Տղամարդիկ, որոնք սափրվում են վարելու ընթացքում

12.Մարդիկ, որոնք ուտում են վարելու ընթացքում

13.Վարորդներ, որոնք շրջվում են ետ՝ խոսելու հետևի նստարանին նստած մարդկանց հետ

14.Վարորդներ, որոնք շատ արագ են վարում բնակելի մասերում, որտեղ կան երեխաներ և վազքով զբաղվողներ

15.Ետևից եկող մեքենան, ազդանշանն անընդմեջ միացրած, հասկացնում է քեզ, որ դուրս գաս ճանապարհից, բայց նրանք չեն տեսնում այն, ինչ տեսնում ես դու. դա մի հսկա բեռնատար է, որը հանդիպակաց ճանապարհով գալիս է դեպի քեզ:

16.Լինել մի մեքենայի ուղևոր, որի վարորդը անուշադիր է և ոչ շրջահայաց

Ֆինանսական

1.Գողության հայտնաբերումը

2.Դրամապանակի, բջջային հեռախոսի կամ վարկային քարտի կորուստը

3.Ամեն կերպ մի բան խլում են քեզնից

4.Երբ ընկերներիդ հետ ճաշում ես որևէ տեղ, և ոչ մեկը չի մտածում վճարելու կամ թեյավճար տալու մասին

5.Անցանկալի վճարումներ, ինչպիսիք են՝ բանկային վճարումներ, բանկոմատով վճարումներ, կողքից մանր-մունր վճարումներ, հեռախոսային վճարումներ

6.Մեքենան ընդամենը երկու րոպե ավել կայանելու համար ստացած տուգանք

7.Երբ խանութից տուն ես գալիս և նկատում, որ գնած որոշ բաներ պակասում են, որովհետև դրամարկղի աշխատողն ու փաթեթավորողը զբաղված էին զրուցելով և անուշադիր են եղել:

8.Մարդիկ, որոնք աշխատավայրում վատնում են ժամանակը խոսելով, բամբասելով, բողոքելով, ընդմիջմանը երկար նստելով կամ աշխատանքը ավարտին չհասցնելով, որի համար, սակայն, նրանք վարձատրվում են:

Իմ զայրույթի պահերը, մտքերը, պատճառները

9.Մարդիկ, որոնք նախանձում են մյուսների ունեցվածքին, բայց իրենք ոչինչ չեն անում նույն հաջողությանը հասնելու համար:
10.«Թեյավճարը ներառված է» մեխանիկորեն, երբ մատուցման որակը ցածր է

11.Ապրանքի գինը բարձրանում է

12.Երբ ձեր ամուսինը անում է ծախսեր, որոնք չեն մտնում ընտանեկան բյուջեի մեջ

13.Մարդիկ հաշիվը բաշխում են հավասարապես, այն դեպքում, երբ մեկը պատվիրել է խեցգետնի պոչ և խմիչք, իսկ մյուսը՝ միայն աղցան

Հարաբերություններ

1.Մարդիկ, որոնք անազնիվ են կենդանիների ու երեխաների հանդեպ

2.Մարդիկ, որոնք թունոտ են և որոնց կողքին դուք ձեզ վատ եք զգում

3.Մարդիկ, որոնք հակասական են ձեր կողքին լինելով, բայց ոչինչ չեն ասում

4.Մարդիկ, որոնք խոսում են ուրիշների հետևից

5.Մարդիկ, որոնք բազմակարծիք են

6.Մարդիկ, որոնք դատարկ են

7.Մարդիկ, որոնք չեն պահում իրենց խոստումը

8.Մարդիկ, որոնք հոգ չեն տանում իրենց առողջության ու իրենց շրջապատողների մասին

9.Մարդիկ, որոնք իրենց ներդրումը չունեն հարաբերություններում

10.Կանայք, որոնք չեն հասկանում իրենց ամուսիններին և չեն էլ փորձում նկատել կամ սովորել

11.Տղամարդիկ, որոնք չեն հասկանում իրենց կանանց և չեն էլ փորձում նկատել կամ սովորել

12.Մարդիկ, որոնք ձեզ հետ շփվելիս թաքցնում են իրենց մտադրությունները

13.Ցանկացած մեկը, ով չի կատարում իր պարտականությունը, պատասխանատվությունը կամ խոստումը և արհամարհում է այն

14.Ստիպված լինել գործ ունենալ վատ հարաբերությունների հետևանքների հետ՝ բաժանում, հեռացում, դատարանային քաշքշուքներ, ֆինանսական վեճեր, ցավ

15.Ամուսինները ժամանակ են խնդրում, երբ ժամանակը սուղ է

16.Դավաճանություն

Իմ զայրույթի պահերը, մտքերը, պատճառները

Դաստիարակում

1.Սեփական երեխաների ապահովությունը և բարեկեցությունը առաջնային չհամարելը

2.Ահազանգերին չարձագանքելը, օրինակ՝ երբ երեխան վարքագծային խնդիրներ է ունենում դպրոցում կամ թերանում է սովորելիս

3.Հաղթահարել ծնողական տհաճ զգացողությունները, երբ երեխադ չի հաճախում սպորտային, պարի կամ այլ խմբակներ

4.Կանգնել այն փաստի առաջ, որ երեխադ չի հաշտվում իր հասակակիցների հետ

5. Դուք չեք սիրում ձեր երեխաների ընկերներին

6.Դուք չեք սիրում ձեր երեխաների ընկերների ծնողներին

7.Ծնողներ, որոնք շատ կոպիտ ու անհամբեր են իրենց երեխաների հետ

8.Ծնողներ, որոնք անկեղծ չեն իրենց երեխաների հետ և ստում են նրանց ներկայությամբ

9.Բաժանված ծնողներ, որոնք վատաբանում են միմյանց

10.Ծնողներ, որոնք հայհոյում են իրենց երեխաների ներկայությամբ և հետո զարմանում, որ երեխաները կրկնում են նույն բաները դպրոցում կամ հասարակական վայրերում

11.Չափից շատ են առաջ մղում իրենց երեխաներին՝ մեծ հաջողությունների հասնելու համար

12.Թույլ են տալիս իրենց երեխաներին «վայրենու» նման պահել իրենց

13.Արտոնություններ են տալիս երեխաներին

14.Կանայք, որոնք հասրակական վայրերում բղավում են իրենց երեխաների կամ կենդանիների վրա

15.Իրենց երեխաներին չափից ավելի պաշտպանող ծնողներ

16.Ծնողներ, որոնք հաճախ անտեսում են իրենց երեխաներին

Իմ զայրույթի պահերը, մտքերը, պատճառները

ՀԱՄԿԱՑԻ՛Ր ԶԱՅՐՈՒՅԹԴ ԵՎ ԻՆՔԴ ՔԵԶ

Երբ սկսում ենք զայրանալ, չենք էլ նկատում, թե ինչպես ենք բռնկվում և այդքան արագ հասնում ԶԱՅՐՈՒՅԹԻ սանդղակի 1-10-աստիճանին: Մենք ավելի շուտ կենտրոնանում ենք ուրիշների արարքների վրա, քան դրա հանդեպ մեր ցուցաբերած վարքագծի վրա: Երբևէ մտածե՞լ եք, թե ի՞նչն է ձեզ այդքան վիրավորում և ինչու՞: Ֆիզիկապես ի՞նչ է կատարվում, երբ հուզվում եք ինչ-որ բանից: Հաճախ այնքան զբաղված ենք զայրանալով, որ չենք էլ փորձում հասկանալ, թե ինչ է կատարվում: Հետևյալ վաժությունը կօգնի ձեզ հասկանալ ձեր բարկության պահը և թե որքան է այն ձեզ վնասում:

Ա. Թվե՛ք մեկ զգացում, որը դժվար է հանդուրժել, օրինակ՝ վիրավորանք, անհարգալից վերաբերմունք, դավաճանություն կամ վրդովմունք:

Բ.Որոշե՛ք, թե որքան ժամանակ է տևում այն պահը, երբ դուք դժվարանում եք հանդուրժել: Հիշե՛ք, թե ֆիզիկապես ինչ եք զգացել՝ ձեռքի քրտնած ափե՞ր, սրտի արագ աշխատա՞նք, չորություն բերանո՞ւմ, կրծքավանդակի ցա՞վ: Դասավորե՛ք յուրաքանչյուր նախանշան 1-10 սանդղակով՝ ըստ ուժգնության աստիճանի: Օրինակ, եթե զգացել եք սրտի բավական արագ աշխատանք, **ա** տողի վրա գրեք՝ Սրտի արագ աշխատանք – 8

Հսկողություն չկա

ա. ____________________

բ. ____________________

գ. ____________________ հսկողության կորուստ

դ. ____________________

ե. ____________________

վերահսկված

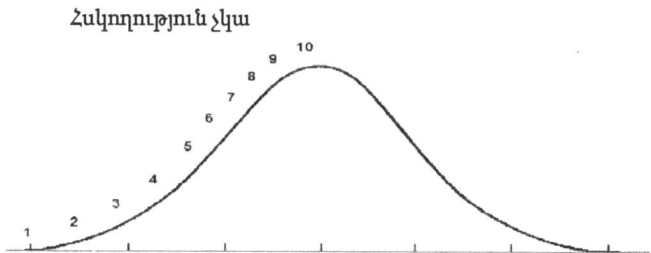

գ.Թվարկե՛ք վարքագիծը կամ գործողությունները, որ կատարել եք ֆիզիկական նախանշանները զգալու ընթացքում, օրինակ, բառերով կամ խոսքերով հարձակում, բիրտ տոն, սարկազմ, դարձել եք վրեժխնդիր կամ լուռ եք վերաբերվել այդ ամենին:

Հսկողություն չկա

ա. ____________________

բ. ____________________

գ. ____________________ հսկողության կորուստ

դ. ____________________

ե. ____________________ վերահսկված

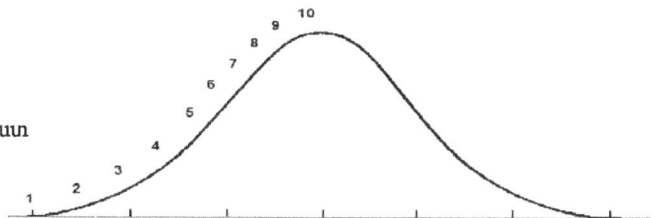

Իմ զայրույթի պահերը, մտքերը, պատճառները

Թվարկե՛ք այն դեպքերը, որոնք ձեր կյանքում առաջացրել են այսպիսի դժվարություններ:

1. _____

   _____

2. _____

   _____

3. _____

   _____

ե. Թվարկե՛ք գործողություններ, որոնք կարող են կանխել զայրույթի պահերն այնպես, որ այլևս չկրկնվեն:

1. _____

   _____

2. _____

   _____

3. _____

   _____

Եթե կարողանաք հասկանալ, թե որ սադրանքների արդյունքում են առաջանում այդպիսի ֆիզիկական նախանշանները և դրան ուղեկցող վարքագծերը, ապա դա կօգնի ձեզ չկորցնել վերահսկողությունը։ Որքան շուտ կանխենք զայրույթն իր սկզբնական փուլում, այնքան հեշտ կլինի հաղթահարել այն: Շարունակեք դասակարգել ձեր հույզերի աստիճանն ըստ սանդղակի և եկող շաբաթ բարելավումը նկատելի կլինի:

Արագ միջոցներ ձեր զայրույթը կանխելու համար

Զայրույթի կառավարման այցելուները հաճախ խնդրում են, որ օգնեն իրենց արագ դուրս գալ զայրույթի վիճակից: Մենք ապրում ենք սրընթաց արագությամբ շարժվող աշխարհում, ուստի նորմալ է, երբ մարդիկ ցանկանում են արագ լուծում տալ իրենց ցավոտ խնդիրներին: Իրականությունն այն է, որ մեր ոչ ճիշտ վերաբերմունքը զայրույթի հանդեպ տարիներ շարունակ եղել է ձևավորման փուլում. նրանք ձևավորվել են մեր մանկության ընթացքում, մեր խնամակալների կողմից կամ պարտադրվել են մեր չափահաս բարեկամների կողմից: Անշուշտ, շատ ժամանակ կպահանջվի, որպեսզի ազատվենք քայքայիչ կարծրատիպերից և սովորենք՝ ինչպես կանխել զայրույթն ու դառնալ ավելի վստահող և կարեկից ուրիշների հանդեպ, փոխել մեր աղավաղված ընկալումները և վերաբերվել մեր պահանջմունքներին ավելի առողջ դատողությամբ: Իհարկե, արագ ապաքինվելու համար կան մի շարք արժեքավոր խորհուրդներ, որոնք կհանգստացնեն ձեր միտքը՝ հնարավորություն տալով ձեզ աշխատել ավելի լուրջ բաների վրա:

1.**Փոխեք տեսարանը.** Երբ զգում եք, որ իրադրությունը տաքանում է և դուրս է գալիս հսկողությունից, ճիշտ կլինի հեռանալ ստեղծված իրադրությունից: Դա հնարավորություն կտա ձեզ արագ կենտրոնանալ, հավաքել մտքերը և պարզապես արձագանքել ստեղծված իրավիճակին, ոչ թե ավելի լարել այն:

2.**Գնացեք քայլելու**. Քայլելը օգնում է տարբեր ձևերով: Երբ մենք քայլում ենք, մեր մարմինն արձակում է էնդորֆին քիմիական նյութը, որն ունի հանգստացնող ազդեցություն: Էնդորֆինները թուլացնում են նաև ցավի զգացումը: Բացի այդ՝ ձեռքերի և ոտքերի խաչաձև շարժումները բարձրացնում են տրամադրությունը, ինչպես նաև ուղեղի աջ ու ձախ կողմերի ակտիվությունը:

3.**Հաշվեք մինչև տասը**. Հաշվելը կանխում է հույզերի խորացումը: Հույզը առաջանում է ուղեղի աջ կիսագնդում, մինչդեռ տրամաբանությունը՝ ձախ կիսագնդում (թեորիան առաջ է քաշվել Ռոջեր Սպերիի կողմից): Երբ հաշվելու համար զբաղեցնում եք ձեր ուղեղի ձախ կողմը, աջը՝ զգացմունքային ուղեղը, ազատ է: Հաշվելու գործողությունը շեղում է ձեր ուշադրությունը բարկացած մտքերից:

ա. Մեկ այլ միջոց է աչքերից մեկը աչքակապով կապելը: Սա նյարդալեզվաբանական ծրագրավորում է, որն օգտագործվում է զգացմունքային լարվածությունը թուլացնելու համար: Այն կարող է կանխել աջակողմյան՝ զգացմունքային ուղեղի գերակշռումը և օգնել մեզ մնալ տրամաբանության սահմաններում: Ոմանց համար աջ աչքի կապելն է արդյունավետ, մյուսներին օգնում է ձախ աչքի կապելը: Որպեսզի իմանաք, թե ձեր որ աչքի կապելն է ձեզ օգնելու, փորձեք հետևյալը. երկու աչքերը բաց վիճակում նայեք առաջ, մտածեք այն անձնավորության կամ իրավիճակի մասին, որը ձեզ նյարդայնացնում է: Փակեք ձեր աջ աչքը 10-20 վայրկյան: Փոխվու՞մ է արդյոք ձեր էմոցիոնալ լարվածությունը: Հետո փակեք ձախ աչքը 10-20 վայրկյան: Համոզվեք, թե ո՞ր աչքի փակելու դեպքում է առաջանում լարվածության թուլացում: Եթե դժվարանում եք որոշել, կրկնեք նորից:

4.**Շնչեք ամբողջ ուժով.** Ակտիվորեն և խորը շնչեք 3-4 րոպե: Անհրաժեշտ է շնչել որովայնով, ոչ թե կրծքավանդակով: Որպեսզի համոզվեք՝ ճիշտ եք շնչում, թե ոչ, դրեք մի ձեռքը որովայնին, մյուսը՝ կրծքավանդակին: Երբ շնչում եք, օդը լցվում է որովայն և ձեռքն առաջ է գալիս: Իսկ եթե կրծքավանդակին դրված ձեռքն է առաջ գալիս, նշանակում է դուք խորը չեք շնչում, և անհանգիստ վիճակը դեռ շարունակվում է: Որովայնով խորը շնչառությունը հանգստացնում է մարմինը:

ա.Լրացուցիչ ակնարկ. Շնչելիս և արտաշնչելիս հաշվեք. Շնչեք 4 վայրկյան՝ հաշվելով մինչև 4-ը, արտաշնչեք 8 վայրկյան՝ հաշվելով մինչև 8-ը: Սա խթանում է ձեր պարասիմպատիկ նյարդային համակարգը, որն ապահովում է ռելաքսացիոն (հանգստի) վիճակը:

5.**Գրեք.** Գրելը արտահայտվելու և անտեղի հույզերից ազատվելու հարմար միջոց է:

ա.Գրանցումներ կատարեք. Կան գրանցումներ կատարելու տարբեր եղանակներ, որոնք բոլորն էլ ընդունելի են, եթե օգնում են տվյալ իրավիճակում: Չկան «ճիշտ» կամ «սխալ» ձևեր: Ոմանք գրում են ազատ ոճով պարզապես հասկանալու համար իրենց զգացմունքները կամ նվազեցնելու համար ծայրահեղ լարված էմոցիաները, որոնք հավանաբար հեշտ չի լինի անել մարդկանց հետ խոսելիս: Ավելի արդյունավետ կլինի, եթե գրանցման գրքույկի առաջին էջը բաժանեք երեք մասի. Մաս 1. Թեթևացրեք ձեր զայրույթը կամ նյարդային վիճակը գրելով, թե ինչպես եք զգացել այդ իրավիճակում, կամ ինչ վարքագիծ եք ցուցաբերել: Մտքերը թղթին հանձնելը իրականում շատ արդյունավետ միջոց է: Մաս 2. Հարց ու պատասխան. Հարցրեք և պատասխանեք հետևյալ կերպ. «Ինչու՞ այդպես վարվեցի», կամ «Որո՞նք էին այն հետին մտքերը, որոնք ստիպեցին ինձ այդպես վարվել»: Մաս 3. Նպատակ դրեք և մշակեք գործողությունների պլան: Ինչպե՞ս կարող եմ փոխել իմ վարքագիծը: Որքանո՞վ այն օգտակար կլինի իմ հարաբերություններում: Ո՞րն է իմ պլանը այս փոփոխությունն անելու համար: Ինչպե՞ս կարող եմ հաղթահարել փոխվելու ընթացքում հանդիպող խոչընդոտները:

բ.Նամակ գրեք. Նամակ գրեք այն մարդուն, որից վիրավորվել եք: Այդ նամակն ուղարկելու համար ՉԷ: (Ճիշտ կլինի այն գրեք թղթի վրա կամ Word–ի մեջ, ոչ թե e-mail-ի մեջ, քանի որ պատահաբար կարող եք դիպչել send կոճակին, որը վերջնականապես կխափանի նյարդային վիճակից դուրս գալու ձեր բոլոր ջանքերը): Նամակում գրեք այն ամենը, ինչ կցանկանայիք ասել: Գուցե տարօրինակ թվա, բայց նամակ գրելը մեծապես կօգնի դուրս գալ նյարդային վիճակից: Սա լիցքաթափող միջոց է, որը թույլ է տալիս մեր չխմբագրված ստեղծագործությանը ձայն ունենալ առանց բացասական հետևանքների:

6.Մտքերի ընդհատում. Բարկացած մտքերն ավելի են ակտիվանում, երբ նորից ու նորից ենք դրանց անդրադառնում: Այս քայքայիչ ընթացքն ընդհատելու համար բարձրաձայն, հաստատուն և հրամայական տոնով ասեք՝ «Վե՛րջ»: Պատկերացրեք մի մեծ, կանգ առնելու կարմիր ազդանշան, կամ պատկերացրեք, որ ձեզ նյարդայնացնող իրադրությունը օդում լողալով անհետանում է: Փոխարինեք այդ մտքերը ավելի հաճելի մտքերով: Պատրաստ ունեցեք այդպիսի հաճելի մտքեր, անհրաժեշտության դեպքում օգտվելու համար:

7. **Օգտակար, դրական զրույց ինքներդ ձեզ հետ.** Կազմե՛ք դրական ազդեցություն ունեցող մենախոսությունների ցանկ: Երբ ուղղում եք ձեր ուշադրությունը կյանքի դրական կողմերի վրա, դուք լիցքավորվում եք դրական զգացողություններով: Զայրույթը օրգանիզմում առաջացնում է բացասական էներգիա, և անհրաժեշտ է շեղել ուշադրությունը՝ մտածելով այն թեմաների մասին, որոնք բուժիչ են: Օրինակ՝ «Զայրույթի հիմքում ընկած է որևէ

պահանջմունքի ոչ բավարարված լինելը»,- ասում է Մարշալ Բ. Ռոզենբերգը: Կամ «Իմ զայրույթը ժամանակավոր է, ես հիմա ոչինչ չեմ հասկանում, իսկ երբ հանգստանամ, ի վիճակի կլինեմ իրադրությունը ավելի լավ ընկալել»:

8. **Լարվածության թուլացում.** Օգտագործեք սթրեսը հանող գնդակներ լիցքաթափվելու համար: Զայրույթն արտահայտվում է ֆիզիկապես, իսկ լարվածությունը թուլացնող վարժությունները օգնում են ձեր օրգանիզմին դուրս հանել ոչ արդյունավետ էներգիան: Նրանք հանգստացնում են և նվազեցնում զայրույթի պոռթկման հավանականությունը:

ա.Մկանների ռելակսացիա. Թուլացրեք ձեր մկանները հետևյալ երկու քայլով. Նախ, պարբերաբար ձգեք մարմնի այս կամ այն մկանային խումբը, օրինակ, վիզը, ուսերը 5 վայրկյանի հաշվելու չափով: Հետո, թուլացրեք լարվածությունը և կզգաք, թե որքան փափուկ ու ծանր են ձեր մկանները: Այդպես վարվեք նաև ձեր բազուկների, ձեռքերի, ազդրերի և ոտքերի հետ: Կրկնեք այս ամենը 3 անգամ: Այս վարժությունը թուլացնում է ձեր ընդհանուր լարվածությունը և սթրեսը:

***9.*Ներդաշնակ եղեք ձեր զգացմունքների հետ.** Սեփական զգացմունքներից փախչելու փոխարեն ուշադրություն դարձրեք դրանց: Դրանից դուք ավելի հաստատուն կզգաք ձեզ: **Հուշում.** Գործի դրեք ձեր երևակայությունը և փորձեք պատկերացնել, թե ինչ տեսք ունի զգացմունքը, ընդհուպ մինչև նրա գույնը, ձևը, չափը: Որքա՞ն ծանր է այն: Ի՞նչ հոտ ունի: Արդյո՞ք այն նյութական է: Մարմնի ո՞ր հատվածում է այն նստած: Օրինակ, կարող եք զգալ մետաղե ծանր մի կտոր, որից մետաղի հոտ է գալիս և որը նստած է ձեր կրծքավանդակի շրջանում: Զգացմունքին կյանք տվեք:

***10.*Խոսեք մեկի հետ, ում վստահում եք.** Զանգահարեք վստահելի և աջակցող մեկին: Այս մարդիկ սովորաբար լավ ունկնդիրներ են և օգտակար խորհուրդներ են տալիս: Ասեք նրան, որ ուզում եք մի քանի րոպե խոսել ձեզ նյարդայնացնող իրադրության մասին: Աշխատեք ձեր աջակցի մոտ չափը չանցնել, զանգահարեք միայն շատ կարևոր դեպքերում:

***11.*Սովորեք լիցքաթափող հմտություններ.** Բացի վերը նշված շնչառական և թուլացնող վարժություններից, լարվածությունը կարելի է թուլացնել նաև՝ օգտագործելով երևակայությունը և մեդիտացիան:

ա.Երևակայություն. Պատկերացրեք ձեզ նստած լիցքաթափող որևէ վայրում, օրինակ, լողափին, որտեղ արևը ջերմացնում է:

բ.**Մեդիտացիան** վարժություն է, որով հետևում եք ձեր մտքերի ընթացքին՝ առանց նրանց արձագանքելու: Ձեզ ծանոթ շրջակայքում գտեք ձեր ուշադրությունը չշեղող մի հանգիստ վայր նստելու համար կամ կատարեք մեդիտացիոն զբոսանք այդ վայրում: Մեդիտացիան օգտակար վարժություն է անկախ այն բանից՝ մեկ րոպե եք կատարում այն, թե մեկ ժամ:

12. **Երաժշտություն լսեք.** Ձեր սիրած երաժշտությունը կօգնի լիցքաթափվել և տրամադրությունը բարձրացնել:

13. **Ֆիզիկական վարժություններ.** Ֆիզիկական ակտիվությունը պակասեցնում է զայրույթը: Հանեք ձեր զայրույթը հեծանիվ քշելով կամ վազեք մայթով: Ինչպես արդեն ասել ենք վերևում,ֆիզիկական վարժությունը անջատում է էնդորֆիններ, որն իր հերթին բարձրացնում է տրամադրությունը:

14. **Զվարճացեք հումորով.** Դիտեք որևէ հումորային ֆիլմ կամ հեռուստատեսային շոու: Սովորեք ծիծաղել ինքներդ ձեզ վրա:

Նշում. Այս ամենը, իհարկե, կարող է օգնել, սակայն եղեք ուշադիր, քանի որ բռունցքով բարձիկին հարվածելը կամ այլ իրեր կոտրելը կարող է բարձրացնել ադրենալինը, որն ուրիշների մոտ զայրույթ կառաջացնի:

Լրացուցիչ տեխնիկա (ձեր խորհրդատուն կարող է նաև չիմանալ այդ մասին)

1.**Երկու ձեռքերի մատները միահյուսել, աջ բթամատը դնել ձախ բթամատի վրա.** ՆԼԾ (NLP) 4-րդ սերունդ: Ակտիվացնում է աջ կիսագունդը:

2.**Մտքի գործունեության թերապիա (TFT) / Հույզերի ազատության թերապիա (EFT).**
Թփթփացնել մերիդիանի կետերին համապատասխան ալգորիթմով:

ԶԱՅՐՈՒՅԹԻ ԿԱՌԱՎԱՐՈՒՄՆ ՕԳՆՈՒՄ Է ԿԱՆԽԵԼ ԶԱՅՐՈՒՅԹԸ

Զայրույթը հաղթահարելու համար մենք ցանկանում ենք որքան հնարավոր է արագ լուծումներ գտնել: Դժբախտաբար, հաղթահարելուն ուղղված աշխատանքն ավելի բարդ է, քան հենց ինքը՝ զայրույթը: Մեր ծրագրի հիմնական նպատակը զայրույթի **կանխումն է,** այսինքն՝ այնպես անել, որ մարդը հնարավորություն ունենա կառավարել զայրույթի զգացումը, ցույց տալ նրան զայրույթը կառավարելու տարբեր ձևեր, և առաջացնել ագրեսիայից ազատվելու ցանկություն: Կետերից մեկը, որի վրա պետք է կենտրոնանալ, ձեր չբավարարված պահանջմունքներն են, այլապես զայրույթը կկրկնվի: Որքան շուտ հասկանաք ձեր բարկության պատճառը, այնքան հեշտ կլինի ձեզ համար շփվել շրջապատի հետ:

Օգտակար խորհուրդներ

1. Արձանագրեք ձեր զայրույթի պահերը. Երբ ցանկանում եք փոխել ձեր վարքագիծը, ճիշտ կլինի հասկանալ այդ վարքագծի հանդեպ ունեցած ձեր լարվածության պատճառը: Այսպես, դուք կարող եք կա՛մ խուսափել չափից ավելի լարվածությունից, կա՛մ լուծել ծագած խնդիրը: Սկսեք գրի առնել զայրույթի պահերը, որպեսզի պարզ լինի, թե ինչն է ձեզ զայրույթ պատճառում: Օրինակ, զայրույթի պատճառ կարող են լինել հոգնած լինելը, քաղցած լինելը կամ լսված չլինելու զգացումը:

2.Որքանո՞վ է ձեր զայրույթը տեղին. Հաճախ մենք չափն անցնում ենք և հետո նեղվում այն գաղափարից, որ գուցե չարժեր այդպես վարվել: Օրինակ, երբ որևէ մեկը ձեզ ընդհատում է, և եթե 1-10 սանդղակի սահմանում ձեր զայրույթը գնահատում եք 8 (10-ը ամենաբարձր կետն է), ապա ինչպե՞ս կզգաք, եթե ձեր զուգընկերը ձեզ դավաճաներ:

3.Զայրույթը որպես պաշտպանական միջոց. Սովորաբար երբ մենք բարկանում ենք, իրականում կա մեկ այլ զգացում, որը ցանկանում ենք պաշտպանել: Փոխանակ ծածկելու այդ տհաճ զգացումը՝ ավելի ճիշտ կլինի փորձել գրկաբաց ընդունել դա:

4.Ուշադրություն դարձրեք ձեր մտքերին. Երբ հուզված եք, ապա մտքերն իրատեսական չեն կարող լինել, և իրադրությանը ճիշտ գնահատական չի տրվում: Այդպիսի մտքերից են, օրինակ, «Նա դա արել է միտումնավոր», «Այս ամենը շատ երկար տևեց», «Նա ցանկանում է մյուսի կողմն անցնել», «Նա միշտ է այդպես անում»:

5.Գծե՛ք առողջ սահմաններ. Շրջապատի հետ առողջ հարաբերություններ ունենալու համար նպատակահարմար կլինի գծել սահմաններ ձեր և ուրիշների միջև: Համոզվեք, որ ձեր մասին հոգ եք տանում և չեք ծանրաբեռնում ձեզ՝ ուրիշների խնդիրներին առաջնություն տալով:

6.Շփվե՛ք ինքնավստահ. Եթե բարկությունը կամ հիասթափությունը պահում եք ձեր մեջ, շրջապատում չեն կարող հասկանալ, որ ինչ-որ բան ձեզ անհանգստացնում է, ուստի չեն կարող ձեզ օգնել: Ինքնամփոփ լինելը կարող է նաև վրդովմունք առաջացնել: Երբեմն էլ ցույց ենք տալիս, որ վրդովված ենք, բայց լռում ենք կամ չենք ասում վրդովմունքի պատճառը: Այդ անորոշությունը շրջապատի համար անհասկանալի է: Պարզաբանեք, բարձրաձայն ասեք, թե ինչն է ձեզ անհանգստացնում, և խնդրեք այն, ինչ ցանկանում եք: Խուսափեք ագրեսիվ խոսելաձևից:

7.Հստակեցրե՛ք ձեր սպասումները. Մենք, անշուշտ, հիասթափվում ենք, եթե շրջապատից մեր ակնկալիքներն անիրական են: Փոխանակ ասելու՝ «Դու պետք է…», ճիշտ է ասել՝ «Ես կցանկանայի… » : Այս միջոցը կօգնի ձեզ դառնալ ավելի իրատեսական և հանդուրժող:

8.Զայրույթը հանդարտեցնելու համար միջոցներ ձեռնարկեք հենց սկզբից. Մի՛ սպասեք այնքան, որ ինքնատիրապետումն այլևս անհնար լինի: Երբ զգում եք, որ բարկությունը հասել է 5-ի՝ 1-10 սանդղակում, սկսեք միջոցներ ձեռնարկել այն նվազեցնելու համար: Ասենք, եթե մեկը որևէ բան է ասել կամ արել, որը նյարդայնացրել է ձեզ, վերաբերվեք դրան ըմբռնումով կամ գրի առեք բարկության պատճառը: Ավելի հեշտ է բարկությունը կանխել, երբ դեռ հնարավոր է, այլապես հետո շատ ուշ կլինի:

9.Պատասխանատու եղեք. Մեր վատ տրամադրության համար հաճախ մեղադրում ենք ուրիշներին: Ձեր մասին հոգ տանելը ձեր գործն է: Խնդրեք այնպիսի օգնություն, ինչպիսին ինքներդ եք ցանկանում: Ինչպիսի կենսակերպով ապրելը՝ առողջ սնվել, աշխատել դրսում, թե կազմել զվարճանքների ցուցակ, ձեր որոշումն է: Եթե դա դժվար է և դուք մեղադրում եք ուրիշներին ձեր դժբախտությունների համար, ապա ձեզ կօգնեն կախվածության մասին հոդվածների քննարկումները; Երբևէ ձեզ տվե՞լ եք այս հարցը. ¦Դու ինձ բարկացրե՞լ ես§:

10. Եղեք արդարամիտ. Եթե ցանկանում եք, որ ուրիշները ձեզ լսեն և նկատեն ձեր կարիքները, ապա դա պետք է լինի փոխադարձ: Նրանք էլ ձեր կողմից են ակնկալում նման վերաբերմունք: Եթե անհրաժեշտ է, ապա անտեսեք: Ոչ միշտ կարող են բոլոր որոշումները ձերը լինել:

Մեծ փորձ ու ջանքեր են պահանջվում հանդարտ մտածելու և ագրեսիվ վարքագիծ չցուցաբերելու համար: Անգամ այդ ջանքերից հետո էլ կարող ենք սայթաքել ու բղավել կամ ոչ տեղին արձագանքել: Եթե այնուամենայնիվ այդպիսի սայթաքում պատահում է, ապա ներկայացնում ենք որոշ առաջարկներ.

1.Ըմբռնումով մոտեցեք. Եթե արդեն որևէ մեկին ագրեսիվ եք վերաբերվել, կամ բղավել եք նրա վրա, փորձեք ներողություն խնդրել, կամ միասին քննարկեք, թե ձեր վերաբերմունքը որքանով է նրան վիրավորել: Օրինակ, փոխանակ ասելու. «Ներիր…», ճիշտ կլինի ասել.

«Տեսնում եմ, թե իմ բղավելը ինչ բացասական է անդրադարձել քեզ վրա: Ներիր, որ քեզ անհարմար դրության մեջ դրեցի»:

2.Ներող եղեք. Բարկացած մնալը միայն կվնասի ձեզ: Սովորեք ներել մարդկանց, ովքեր ձեզ վիրավորել են:

3.Հարգալից վերաբերվեք ուրիշների սահմաններին. Մեծ վեճերից հետո կարիք է զգացվում որոշ ժամանակ առանձնանալ և վերլուծել կատարվածը: Տվեք նրան առանձնանալու հնարավորություն, մի՛ հետևեք նրան՝ պնդելով, որ խոսի այդ խնդրի մասին: Ինչ-որ ձևով հանգստացրեք ինքներդ ձեզ: Օրինակ, կարող եք գրի առնել կատարվածը կամ գնալ զբոսանքի:

4.Անդրադարձ կատարեք անցյալում կատարվածին. Անցյալում կատարված նմանօրինակ դեպքերին անդրադառնալը կօգնի ձեզ հասկանալ նյարդայնացնող իրավիճակը: Գտեք բարկանալու պատճառները և ելք որոնեք դրանից դուրս գալու համար:

ՕԳՏԱԳՈՐԾԵԼ ՌԱՑԻՈՆԱԼ-ՀՈՒԶԱԿԱՆ ԹԵՐԱՊԻԱ

ԶԱՅՐՈՒՅԹԸ ԿԱՆԽԵԼՈՒ ՀԱՄԱՐ

Պատկերացրեք երկու հաճախորդ, որոնք հերթ են կանգնել մի բաժակ սուրճ խմելու համար, իսկ դրամարկղի աշխատողը ձգձգում է նրանց սպասարկումը: Մինչ աշխատողը կմոտենա նրանց, նրանցից յուրաքանչյուրի մոտ առաջանում է տարբեր վերաբերմունք: Առաջին հաճախորդը թեթևություն է զգում, որ վերջապես կխմի իր մի բաժակ սուրճը, բայց երկրորդ հաճախորդը նյարդայնանում է, որ աշխատողն այդքան ուշացավ: Եթե երկու հաճխորդն էլ կանգնում են նույն խնդրի առաջ, ապա ինչու՞ է նրանց վերաբերմունքն այդքան տարբեր: Հարցը նրանում է, **թե ինչպես են նրանք ընկալում իրավիճակը, ինչ են մտածում տվյալ դեպքի մասին, որն առաջացնում է համապատասխան հուզական ռեակցիա**:

Ռացիոնալ-հուզական թերապիան, որը հիմնադրվել է գիտությունների դոկտոր Ալբերտ Էլիսի կողմից, մի միջոց է, որը կարող է օգնել ճիշտ ընկալել ինքներս մեզ, մյուսներին, կյանքի իրադարձությունները: Այս թերապիայի արդյունքում մենք մեզ զգում ենք այնպես, ինչպես մտածում ենք: Եթե իրադրությանը նայում ենք բացասական լույսով, ապա ամենայն հավանականությամբ կունենանք բացասական հույզեր: Եվ հակառակը, եթե նայենք դրական լույսով, ապա մեզ երջանիկ կզգանք: Այս բաժինը կծանոթացնի ձեզ Ռացիոնալ-հուզական թերապիային: Սա մեթոդ է, որի օգնությամբ կարող եք ազատվել բացասական հույզերից, մասնավորապես զայրույթից: Այն կօգնի ձեզ վերջ ի վերջո փոխել ձեր համոզմունքներն ու քարացած կարծրատիպերը:

Առաջին քայլն այն է, որ հասկանաք սադրիչ մտքերը: Շատ լավ մեթոդ է դրանք գրի առնելը: Հաջորդ մի քանի օրերին, երբ զգում եք, որ սկսում եք բարկանալ, նկարագրեք իրավիճակը, որի պատճառով նյարդայնանում եք: Հետո նշեք, թե ինչ եք մտածում տեղի ունեցած իրադարձության վերաբերյալ: Այնուհետև ճշտորեն նշեք ձեր զգացմունքներն ու ձեռնարկած քայլերը տվյալ իրադարձության վերաբերյալ: Եվ վերջապես, եթե ձեր սեփական մտածելակերպն է ստիպում ձեզ զայրանալ, ապա վերանայեք ձեր համոզմունքները և ունեցեք այլընտրանքային դիրքորոշումներ: Ստորև բերվում են Ռացիոնալ-հուզական Թերապիային բնորոշ օրինակներ.

1.Իրավիճակ. Ո՞րն էր այն իրավիճակը, որը հասցրեց ձեզ բարկության:

2.Համոզմունքներ և մեկնաբանություններ. Ինչպե՞ս կմեկնաբանեք իրադրությունը:

3.Զգացողություններ. Ի՞նչ զգացողություններ եք ունեցել զայրույթի ընթացքում:

4.Գործողություններ. Զայրույթի պատճառով ի՞նչ գործողությունների եք դիմել:

5.Քննարկում. Ուրիշ ի՞նչ մոտեցումներ կարող եք ունենալ տվյալ իրադրության վերաբերյալ:

Դուք կարող եք վերանայել ձեր վարքագիծը՝ փոխելով իրադրության հանդեպ ձեր համոզմունքներն ու մեկնաբանությունները: Ի՞նչ պետք է անել:

Համոզմունքները ձևավորում են մեր մտածելակերպը: Մտածողության միջոցով էլ մեկնաբանում ենք մեր զգացողությունները: Արդյունքում՝ անում ենք այն, ինչ զգում ենք: Հետևյալ դիագրամը ցույց է տալիս, թե ինչպիսին է այս գործընթացը:

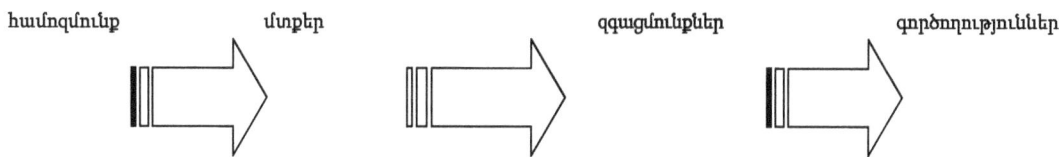

համոզմունք
մտքեր
զգացմունքներ
գործողություններ

Որպես Ռացիոնալ-հուզական Թերապիայի վերջին քայլ՝ մենք «քննարկում» ենք մեր հին համոզմունքները և թարմացնում դրական մտքերով:

- Ո՞վ ասաց, որ դա ճիշտ է:
- Ինչու՞ եմ ես դրան հավատում:
- Ու՞ր է իմ փաստարկը:
- Որո՞նք են այլընտրանքային միջոցները:

Գրի առնելով իրադրությունը և քայլ առ քայլ աշխատելով Ռացիոնալ-հուզական Թերապիայի միջոցով՝ ստանում ենք մի պատկեր, որով կարող ենք ուսումնասիրել մեր աստիճանական առաջընթացը:
Ահա զայրույթի դեպքում Ռացիոնալ-հուզական Թերապիայի գործածության մի քանի օրինակ:

Իրավիճակ 1

Իրավիճակ. Երբ անցնում էի սպասասրահով, նկատեցի, որ մի քանի մարդ ծխում են:

Համոզմունք և մեկնաբանություն. Մարդիկ չպետք է ծխեն հասարակական վայրերում, որտեղ ուրիշների վրա դա վնասակար ազդեցություն կարող է ունենալ: Ես ասթմա ունեմ և հիմա ծխի պատճառով սկսում եմ վատ զգալ: Դա շատ անխոհեմ քայլ է նրանց կողմից:

Զգացողություններ. Ես զայրացա և նյարդայնացա:

Գործողություններ. Ես սկսեցի ձեռքս թափահարելով ծուխը հեռացնել քթիս առջևից, ինչպես նաև ծուռ հայացքներ նետեցի ծխող մարդկանց վրա:

Քննարկում. Շարունակելով քայլել՝ հասկացա, որ գտնվում եմ ծխելու համար հատկացված սրահում: Պարզվեց, որ նրանք ծխում էին ճիշտ վայրում: Ես կարող էի անցնել սրահի կողքով և խուսափել ծխից:

Իրավիճակ 2

Իրավիճակ. Ուրբաթ երեկոյան ընկերոջս հետ գնացել էի ռեստորան: Մատուցողուհին մեր կողքի սեղանին նստեցրեց մի ընտանիք, որոնց հետ էր նաև նրանց փոքրիկ լացող երեխան:

Համոզմունք և մեկնաբանություն. Ես չէի սպասում, որ մեկը կարող է լացող երեխայի հետ գալ այդպիսի լավ մի ռեստորան, այն էլ ուրբաթ երեկո: Իսկ մայրը չէր էլ փորձում լռեցնել իր փոքրիկին:

Զգացողություններ. Կատաղած և ցայրացած, որ երեկոս փչանում է, ես սթրեսի մեջ ընկա:

Գործողություններ. Ես ծուռ հայացքներ նետեցի ընտանիքի կողմը՝ հասկացնելով, որ լացող երեխան նյարդայնացնում է ինձ:

Քննարկում. Իհարկե, այս ընտանիքը նույնպես իրավունք ունի ուրբաթ երեկոյան դուրս գալ ճաշելու: Ի վերջո, ի՞նչ պետք է անեին նրանք՝ նստեին տանը, որովհետև փոքրիկի փորը ցավու՞մ էր: Նրանք նույնպես դրսում հաճելի երեկո անցկացնելու կարիք ունեն:

Հիմա փորձեք ինքներդ

Իրավիճակ 1

Իրավիճակ--

Համոզմունք և մեկնաբանություն--

Զգացողություններ---

Գործողություն--

Քննարկում--

Իրավիճակ2

Իրավիճակ--

Համոզմունք և մեկնաբանություն--

Զգացողություններ---

Գործողություն--

Քննարկում--

Գործնական աշխատանք. Թվարկեք վերջին ժամանակներում ձեզ հետ կատարված այն դեպքերը, որոնցից նյարդայնացել եք: Յուրաքանչյուր դեպքի համար նշեք ձեր համոզմունքները, ինչ եք զգացել, ինչ եք ձեռնարկել, ինչպես կարող եք մեկնաբանել տվյալ իրավիճակը:

ՎԵՃԵՐԻ ՄԱՆՐԱԿՐԿԻՏ ՔՆՆԱՐԿՈՒՄ

Շրջապատի հետ բարեկամական հարաբերությունների կարգավորման համար, անհրաժեշտ է ձեռք բերել հմտություններ վեճը մանրակրկիտ քննարկելու համար: Անհամաձայնություն ունենալը սովորական բան է, սակայն ավելի ճիշտ է աշխատել կոնֆլիկտը հարթելու վրա, քան խուսափել ճակատումից: Վեճի մանրակրկիտ քննարկումը կարող է օգնել ձեր հարաբերությունները կարգավորել և լուծել խնդիրները:

Հետևյալ ցուցումները բացատրում են, թե ինչպես պետք է օգտվել այս աշխատաթերթիկից: Վեճի մանրակրկիտ քննարկումը.

1. Նկարագրեք իրադրությունը, որի պատճառով վեճ է ծագել:

-Անցյալ շաբաթ ես ասացի ընկերոջս, որ ուզում եմ եկող շաբաթ նրա հետ լավ ժամանակ անցկացնել: Երբ շաբաթվա վերջում գնացինք նրա քաղաքամերձ տուն, նկատեցի, որ նրա ընկերները նույնպես այնտեղ էին:

2. Ձեր ո՞ր պահանջմունքն էր չբավարարված:

-Ես ուզում էի ինձ կարևոր և սիրված զգալ:

3. Ըստ 1-10 սանդղակի՝ ո՞ր աստիճանում դուք ձեզ վիրավորված զգացիք, երբ ձեր պահանջմունքները բավարարված չէին:

Ամենաբարձր՝ 10-րդ աստիճանում:

4. Ինչպե՞ս արտահայտեցիք ձեր զայրույթը:

-Ես նրան շատ սառը վերաբերմունք էի ցուցաբերում: Եվ երբ մենք ի վերջո մենակ էինք, ասացի նրան, որ նա եսասեր է և անտարբեր:

5. Ձեր զգացողություններից որևէ մեկը կապ ունե՞ր անցյալի հետ:

-Իմ նախկին ընկերը հաճախ արհամարհել է իմ զգացմունքները: Գուցե դա՞ կարող էր պատճառ հանդիսանալ:

6. Ինչպե՞ս էր ձեր ընկերն իրեն զգում, երբ դուք ասացիք նրան այդ ամենը:

-Մեղավոր, բայց հույսով, որ ամեն ինչ կանցնի: Սակայն ճանաչելով նրան՝ կարծում եմ, որ վիրավորված էր և շփոթված, ինչպես միշտ:

7. Արտահայտվելուց հետո հասա՞ք ձեր նպատակին:

-Ո՛չ: Նա ավելի կենտրոնացել էր ասածս վիրավորական խոսքերի, քան իմ ոտնահարված զգացողությունների վրա:

8. Դուք ցանկանու՞մ էիք ապացուցել, որ ձեր ընկերը սխալ է:

-Այո՛, ես ոչ մի սխալ բան չէի արել: Նա անուշադիր էր և անտարբեր:

9. Կայի՞ն արդյոք այլ գործոններ, որոնց պատճառով վեճը սաստկացել էր, օրինակ, սթրեսը, քաղցը կամ քնի պակասը:

-Գուցե ես ֆինանսական խնդիրներ ունեի: Կարծում եմ՝ այդ է պատճառը, որ ցանկանում էի նրա աջակցությունն ունենալ և հիանալի երեկո անցկացնել միայն երկուսով:

10.Կայի՞ն արդյոք այլ գործոններ ձեր ընկերոջ համար, որոնք կարող էին վեճի ժամանակ սաստկացնել լարվածությունը:

-Ո՛չ:

11. Որո՞նք էին ձեր ընկերոջ ակնկալիքներն այս իրավիճակում:

-Նա հավանաբար ենթադրում էր, որ մենք հիանալի երեկո կանցկացնենք հաջորդ շաբաթ:

12. Դուք կարողացա՞ք հիմնավորել նրա զգացածը: Եթե այո, ապա ինչպե՞ս: Եթե ոչ, ապա ինչու՞:

-Ո՛չ, ես չափազանց բարկացած էի և հուսալքված:

13. Որիշ ինչպե՞ս կարող էիք վարվել ձեր պահանջմունքները բավարարված համարելու համար:

-Իհարկե, ո՛չ վիրավորական խոսքեր ասելով կամ դատապարտելով և ո՛չ այդքան արագ արձագանքելով: Պետք է զգացածս ավելի վստահ արտահայտեի:

14. Ի՞նչ պետք է անեք, որպեսզի հետագայում կարողանաք վեճը մեղմել:

-Հասկանալ, որ հուզված եմ և սպասել որոշ ժամանակ ու նոր պատասխանել, այլ ոչ թե անմիջապես արձագանքել: Նաև կփորձեմ հասկանալ մյուսների ակնկալիքները: Պետք է հասկանաս, որպեսզի հասկանալի դառնաս:

Պատասխանելով հետևյալ հարցերին՝ դուք ավելի հեշտ կհասկանաք իրավիճակը, որից նյարդայնանում եք, և ամենայն հավանականությամբ կգտնեք այլընտրանքային մոտեցումներ հետագայում նման խնդիրների ծագման ժամանակ:

1. Նկարագրեք իրավիճակը, որի արդյունքում վեճ է ծագել;

2. Որո՞նք են ձեր չբավարարված պահանջմունքները:

3. 1-10 սանդղակի համաձայն ո՞ր աստիճանում եք վիրավորված զգացել, երբ ձեր պահանջմունքները չեն բավարարվել:

4. Ինչպե՞ս եք արտահայտել ձեր վիրավորանքը:

5. Ձեր զգացմունքներից որևէ մեկը հնարավոր կա՞պ ունի անցյալի հետ:

6. Ի՞նչ եք կարծում, ի՞նչ է զգացել ձեր ընկերը, երբ դուք արտահայտվել եք նրա վարքագծի վերաբերյալ:

7. Արտահայտվելուց հետո հասա՞ք նրան, ինչին ձգտում էիք:

8. Ցանկանու՞մ էիք ապացուցել, որ ձեր ընկերը սխալ է:

9. Կայի՞ն արդյոք այլ գործոններ, որոնց պատճառով վեճը սաստկացել էր, օրինակ, սթրես, քաղց կամ քնի պակաս:

10. Կայի՞ն արդյոք այլ գործոններ ձեր ընկերոջ համար, որոնք վեճի ընթացքում կարող էին սաստկացնել լարվածությունը:

11. Ո՞րն է ձեր ընկերոջ հնարավորությունը այս վեճում:

12. Դուք կարողացա՞ք հիմնավորել նրա զգացմունքները: Եթե այո, ապա ինչպե՞ս: Եթե ոչ, ապա ինչու:

13. Ուրիշ ինչպե՞ս կարող էիք վարված լինել ձեր պահանջմունքները բավարարելու համար:

14. Ի՞նչ պետք է անեք, որպեսզի հետագայում կարողանաք վեճը մեղմել:

ՎԻՃԱԲԱՆՈՒԹՅՈՒՆՆԵՐ

Դուք ձեզ համարու՞մ եք մարդ, որը հաճախ է վիճում: Երբևէ ձեր մտքով անցե՞լ է, որ վեճերի արդյունքում կարող եք հայտնվել առողջական անցանկալի վիճակում: Անկախ այն բանից, թե ում հետ եք վիճում՝ ձեր ամուսնու, երեխաների, գործընկերների, թե անծանոթների, արդյունավետ հաղորդակցման մարտավարությունը կօգնի ձեզ չվնասել ձեր առողջությունը և չփչացնել ձեր հարաբերությունները նրանց հետ:

Այս դասի նպատակն է սովորել հասկանալ մեզ սպառնացող վնասները և ուշադրություն դարձնել այն բանին, թե ինչու՞ ենք մենք վիճում: Ձեր հաջորդ դասին կսովորեք հաղորդակցման տարբեր ձևեր, ինչպես նաև որոշակի մարտավարություններ ավելի արդյունավետ հաղորդակցման համար:

Շատ հաճախ, երբ պատկերացնում ենք վեճերը, մտածում ենք բղավելու և դիմացինին ստորացնելու մասին: Վեճերը բանավոր անհամաձայնություններ են, խոսքերով հակադրումներ կամ տարբեր տեսակետներով քննարկումներ: Հետաքրքիրն այն է, որ երբեմն վիճաբանությունները կարող են ոչ թե փչացնել, այլ կայունացնել հարաբերությունները:

Լունդն ու իր գործընկերներն ուսումնասիրել են առողջության վրա վեճերի թողած հետևանքները: 2000թ. նրանք մասնակցեցին 36-52 տարեկան չափահաս 10,000 դանիացիների երկարատև ուսումնասիրությանը: Ուսումնասիրությունը հրատարակվեց 2014թ. մայիս ամսին «Էպիդեմիոլոգիա և Համայնք» ամսագրում: Շատ անհատներ պատասխանեցին ծնողների, երեխաների, այլ ընտանիքների, ընկերների և հարևանների հետ ունեցած վեճերին վերաբերող հարցերին:

Նրանք կարծում են, որ միջին տարիքի չափահասների մոտ, ովքեր հաճախ են վիճում իրենց զուգընկերների հետ, մահացության աստիճանը հարաբերականորեն երկու անգամ ավելի շատ է, քան նրանց մոտ, ովքեր հազվադեպ են վիճում: Ընկերների հետ առճակատումները շատ ավելի վնասակար են, քան վեճերը ծնողների հետ, նրանց վաղաժամ մահվան հավանականությունը 2.6 անգամ ավելի է, քան նրանց մոտ, ովքեր լավ հարաբերությունների մեջ են իրենց հասակակիցների հետ: Գիտե՞ք արդյոք, թե հատկապես ու՞մ հետ պետք է խուսափեք վիճել: **Հարևանների:** Վիճող հարևանների վաղաժամ մահացությունը 3 անգամ ավելի է, քան լավ հարաբերություններ ունեցող հարևաններինը:

Համաձայն 11 տարվա ուսումնասիրությունների՝ մահացել են կանանց 4%-ը, իսկ տղամարդկանց 6%-ը: Ռիսկի գործոնը տղամարդկանց մոտ ավելին է, քան՝ կանանց մոտ: Դա ավելի ուժեղ է արտահայտվում այն մարդկանց մոտ, ովքեր չեն աշխատում տանից հեռու: Իսկ ինչպիսի՞ն է ռիսկի գործոնը տանը մնալ սիրող ամուսնացած տղամարդկանց մոտ, ովքեր հաճախ են վիճում:

Մեկ այլ ուսումնասիրություն, որը կատարվել է Ռիք Միլլերի և նրա գործընկերների կողմից (New Bridham Young University), նույնպես ցույց է տալիս, որ վեճերը վտանգավոր են առողջության համար: 20 տարի տևած այս երկարատև ուսումնասիրությունը համարվում է ամենաերկարը ամուսնության որակի և առողջության վերաբերյալ:

Ամուսնության որակը չափվում է երկու եղանակով. 1.երջանկության և բավարարվածության տեսանկյունից և 2. ամուսնական խնդիրների տեսանկյունից, ինչպիսիք են, օրինակ, վեճերը:

Ըստ Միլլերի՝ ամուսնական զույգերը, որոնք չեն վիճում, ապրում են ավելի երկար, քան անընդհատ վիճող զույգերը: Վիճող զույգերը նաև բողոքում են առողջական խնդիրներից: Սա գալիս է ասելու, որ ամուսնական վեճերը բարձրացնում են վատառողջ լինելու ռիսկը:

Ուսումնասիրության հետաքրքիր հայտնագործություններից է այն, որ երջանիկ ամուսնություններն ունեն կանխարգելիչ բաղադրիչ, այսինքն՝ ամբողջ տարի մարդիկ գտնվում են առողջ վիճակում: Սիրող զույգերի մոտ առաջանում են սովորություններ, որոնք նպաստում են առողջության բարելավմանը, ինչպիսիք են քունը, ճիշտ սնվելը և ավելի քիչ ալկոհոլ ընդունելը: Բացի այդ՝ այս զույգերը հորդորում են միմյանց ժամանակին բժշկի հաճախել, դեղորայքն ընդունել դեղատոմսի համաձայն և հաճախել առողջությունն ամրապնդող խմբակների: Այսպիսի հովանավորությունը նվազեցնում է սթրեսը, և հետևաբար կանխում է առողջական ցանկացած շեղում:

Այս երկու ուսումնասիրություններն էլ վերաբերում են վեճի ժամանակ միմյանց վրա թողած բացասական ազդեցությանը: Հիմա տեսնենք, թե ինչպես են ազդում վեճերը հարաբերությունների վրա՝ ըստ արված ուսումնասիրությունների:

Shaadi.com-ի կողմից, IMRB **International**-ի համագործակցությամբ, Հնդկաստանում անցկացրած **ուսումնասիրությունը** ցույց է տվել, որ **վիճող զույգերը չեն բաժանվում:** Շատ հարցեր նրանք սովորական են համարում համատեղ կյանքում և ունեն բավարարված ամուսնություն: Նրանք գտնում են, որ խոսակցությունը շատ կարևոր է: Ամուսնացած զույգերի 44%-ը գտնում է, որ վիճելը **օգնում է շփման ուղիները բաց պահելուն**: Բայց, անշուշտ, ամեն ինչ պետք է լինի չափի մեջ. զույգերն ասում են, որ շաբաթը մեկ անգամ վիճելը կարող է լինել երջանիկ ամուսնության գաղտնիքը, իհարկե, եթե այն վիրավորանքների չի հասնում: Հարցվածների միայն 9% են հայտարարել, որ վիճում են ամեն օր: Հետաքրքիր է նշել, որ ավելի շատ կանայք են իրենց վեճերը համարում «հաճախակի», քան տղամարդիկ:

Վիճելը և խնդիրներին ավելի կառուցողական ձևով մոտենալն ավելի շուտ է հանում սթրեսը հարաբերություններից, քան եթե դրանք փակվում են և չեն քննարկվում՝ ինչպես շշի մեջ: Դա կախված է նրանից, թե զույգերն ինչ ուղղությամբ են տանում վեճը: Վեճերն անխուսափելի են հարաբերությունների մեջ, սակայն պետք է հասկանալ, թե **իրականում ո՞րն է վեճի պատճառը**, **և ի՞նչ կարող է նրանցից յուրաքանչյուրն անել** մյուսին հանդարտեցնելու և խնդիրը լուծելու համար:

Ձեզ կարող է թվալ, որ վիճում եք, որովհետև ձեր զուգընկերն անհարգալից քայլ է թույլ տվել: Սակայն, սովորաբար վեճի հիմքում մեկ այլ բան է ընկած: Եթե հարցնեք վիճող զույգերին, թե ինչու՞ են նրանք վիճում, նրանցից յուրաքանչյուրը կարող է իր համար յուրահատուկ համարվող մի դեպք նկարագրել, որը նրանց կարծիքով հանդիսանում է վեճի պատճառ (օրինակ, «Իմանալով, որ ես սիրում եմ այդ ուտելիքը, նա մոռացել է գնել խանութից» կամ «Նա քննադատում է իմ զրածները»): Դժվար չէ հասկանալ, որ ավելի կարևոր հանգամանք կա, որը վեճի պատճառով գրգռվում է, օրինակ, անձնական պահանջմունքների արհամարհումը կամ

մեկի իրավունքներին սպառնալը (Markman, Stanley, and Blumberg,2001):
Համաձայն Դոկտոր Սյու Յոնսոնի տեսության՝ զույգերը վիճում են, երբ նրանք կապվածություն չեն զգում և երբ նրանց պահանջմունքները չեն բավարարվում: Նա կարևոր է համարում գնալ դեպի վեճի արմատները: Եթե շարունակեք սոխի թերթիկները հանել, կտեսնեք հիմքում ընկած պատճառները.

Դու դեռ սիրու՞մ ես ինձ:

Դու դեռ հիանու՞մ ես ինձնով:

Կարո՞ղ եմ դեռ վստահել քեզ:

Ես դեռ հրապուրի՞չ եմ քեզ համար:

Ես դեռ կարևո՞ր եմ քեզ համար:

Դոկտոր Սյուն ասում է, որ էմոցիոնալ պատասխանատվությունը հանդիսանում է լավ հարաբերությունները պահելու բանալին:

Ի՞նչն է կարևոր վեճի ընթացքում: Բեյլորի համալսարանից Քեյթ Սանֆորդի կատարած ուսումնասիրությունը հրատարակվել է Journal of Clinical Psycholojy, 2010թ.:

455 ամուսնացած մասնակիցների խնդրել են կազմել իրենց կարծիքով ճիշտ համարվող խնդրի լուծման ցանկ ամուսնու հետ ընթացիկ և շարունակական վեճերի վերաբերյալ: Նրանց խնդրել են բացատրել, թե իրենց կարծիքով ինչպե՞ս պետք է փոխվի զուգընկերոջ վարքագիծը, որպեսզի կոնֆլիկտը լուծվի: Հետազոտողներն օգտագործել են նախկին ուսումնասիրությունները, որպեսզի որոշեն հիմքում ընկած գլխավոր պատճառը, որ ամուսիններն ունենում են վիճելիս.

Ա. **Գիտակցված արհամարհանք**, երբ ամուսիններից մեկն զգում է, որ մյուսն իր նկատմամբ անտարբեր է կամ անհավատարիմ:

Բ. **Գիտակցված սպառնալիք,** երբ ամուսիններից մեկն զգում է, որ մյուսը չափազանց քննադատաբար է մոտենում կամ պահանջներ ներկայացնում: Այս դեպքում զուգընկերոջ վերաբերմունքը թշնամական է, քննադատական, մեղադրական կամ հսկող:

Դա կարևոր է իմանալ, քանի որ եթե վեճի պատճառը գիտակցված արհամարհանքն է, ապա զուգընկերոջ հետ մի փոքր ավելի ժամանակ անցկացնելը բավական կլինի: Եվ հակառակը, եթե պատճառը գիտակցված սպառնալիքն է, ապա անհրաժեշտ է լինել ավելի ճկուն, հաղորդակցվել ավելի արդյունավետ ձևերով և լինել ավելի վստահող:

Մասնակիցներին խնդրեցին հիշել կոնֆլիկտային գոնե մեկ դեպք և լրացնել **Զույգերի Վեճերի Պատճառների Համագրում** ձևաթուղթը, որտեղ նշված են, թե ինչ խոսքեր պետք է օգտագործել իրենց և իրենց զուգընկերոջը վեճի պահին նկարագրելիս: Նրանք նաև պետք է նշեին, թե իրենց զուգընկերն ինչ կարող էր անել խնդիրը լուծելու համար: Արդյունքում պարզվել է, որ գիտակցված սպառնալիքն ավելի է նյարդայնացնում զույգերին, և որ նրանց համար ավելի կարևոր է, որ իրենց զուգընկերը **ցանկանա հրաժարվել իշխանություն բանեցնելուց կամ դադարեցնել «մրցակցային» վարքագիծը:**

Երբ մեզ քննադատում են, մենք զիտակցված սպառնալիք ենք զգում մեր դիրքի հանդեպ, ուստի այդ պահին ցանկանում ենք մեր զուգընկերոջից ազատվել և նրան հետ հրել: Դադարել իշխանություն բանեցնելը կնշանակի զուգընկերոջը հնարավորություն տալ ընդունել սխալը, հարգանք ցուցաբերել և փոխզիջման գնալ:

Ո՞րն է լուծումը: Թվում է, որ լավագույն բանը կլինի դադարեցնել հաճախակի կոնֆլիկտները, քանի որ դրանք ազդում են առողջության վրա, սակայն շարունակել հաղորդակցվել հաստատակամորեն՝ երկարատև հարաբերությունների զարգացման համար: Ամփոփելու համար ասենք, որ կարող եք կենտրոնանալ հետևյալ երեք կետերի վրա.

1.Հասկացեք, թե որոնք են ձեր ցանկություններն ու պահանջմունքները:

2.Հաստատակամ եղեք ձեր պահանջմունքների հետ հաղորդակցվելիս:

3.Չափավորեք դյուրազգիռ խոսակցությունները կամ առերեսումները: Ընտրեք ձեր պայքարը:

Հաջորդ դասի պլանը ամբողջացնում է հաղորդակցման տարբեր տեսակները և սովորեցնում հմտություններ՝ դյուրազգիռ խոսակցությունների ժամանակ օգտագործելու համար: Երբևէ հայտնվե՞լ եք այնպիսի իրավիճակում, երբ համոզված եք, որ ձեր վարքագիծը միակ ճիշտն է տվյալ իրավիճակում, բայց դիմացինը դիմում է ինքնապաշտպանության և հարձակվում է ձեզ վրա վիրավորական խոսքերով: Շատերն ունեն, իսկ մյուսների համար անհրաժեշտ է ձեռք բերել ինքնավստահ հաղորդակցման հմտություններ: Մեր հաղորդակցումը կատարվում է 67% մարմնի լեզվով, 26% ձայնի տոնով, և ամենաքիչը՝ 7%, նյութին ուշադրություն դարձնելով:

ՀԱՂՈՐԴԱԿՑՄԱՆ ՏԵՍԱԿՆԵՐԻ ԸՄԲՌՆՈՒՄԸ

Պասիվ. Պասիվ անհատները դժվարանում են արտահայտել իրենց պահանջմունքներն ու զգացմունքները և ավելի հակված են դրանք պահել իրենց մեջ: Քանի որ նրանք դժվարանում են արտահայտել իրենց մտքերը, նրանք կարիք ունեն, որ դիմացինը կարդա դրանք և հասկանա իրենց անհանգստացնող մտքերն ու պահանջմունքները: Այս անհատները հաճախ ընկալվում են որպես ամաչկոտ և պարփակված մարդիկ:

- Այս տեսակի բացասական կողմն այն է, որ անհատի պահանջմունքները շատ հաճախ չեն կատարվում, ինչից նրանք վրդովվում են:

Ագրեսիվ. Ագրեսիվ անհատները ի վիճակի են արտահայտել իրենց մտքերն ու զգացմունքները, բայց դա նրանք անում են իրենց հետ հաղորդացկվողներին վիրավորելու միջոցով՝ չցուցաբերելով ոչ մի հարգանք դիմացինի իրավունքների և զգացմունքների հանդեպ:

- Այս տիպին պատկանող մարդիկ շատ կարճ ժամանակում կարող են ստանալ այն, ինչին ձգտում են, սակայն արդյունքում խնդիրներ են ունենում մյուսների հետ, կորցնում են հարաբերությունները, ռիսկի տակ դնում իրենց կարիերան և վիրավորում շատերին:

Պասիվ-ագրեսիվ. Մարդկանց մեծ մասը պատկանում է պասիվ-ագրեսիվ տեսակին, և դժվարանում են պարզորեն արտահայտել մտքերն ու զգացմունքները: Հետևաբար, նրանք դիմում են հաղորդակցման անուղղակի միջոցների, ինչպես սարկազմն է, որպեսզի իրենց տեսակետը լսելի լինի, փոխանակ ուղղակիորեն խոսեն իրենց հուզող հարցերի մասին: Այս անհատները զգուշանում են կոնֆլիկտներից և լարված իրադրություններից, սակայն ցանկանում են, որ ուրիշներին տեսանելի լինեն իրենց տառապանքները: Նրանք ցույց են տալիս իրենց նյարդային վիճակը, բայց բառերով չեն արտահայտվում, իսկ բառերն էլ չեն համապատասխանում իրենց վարքագծին:

- Որքան էլ ջանում ես, այս անհատներն իրենց լսված կամ հասկացված չեն զգում:
- Չնայած նրանք փորձում են խուսափել կոնֆլիկտներից, նրանց վարքագիծը լարվածություն է առաջացնում հարաբերություններում՝ ստեղծելով թունոտ միջավայր: Համոզված ենք, որ պատկերացնում եք նրանց հետ շփվողների շփոթմունքն ու նյարդային վիճակը:

Ինքնավստահ. Ինքնավստահ մոտեցումը համարվում է ամենաառողջ և ամենաարդյունավետ հաղորդակցման ձևը: Ինքնավստահ անհատը իր մտքերն ու զգացմունքներն արտահայտում է պարզորեն, շիտակ և հարգալից ձևով: Նպատակն այն է, որ հասկանան միմյանց, ոչ թե ապացուցեն մեկն ու մեկի սխալ լինելը: Սա հաղթանակ է/հաղթական մոտեցում: Ինքնավստահ մարդիկ շիտակ են, որը բացառում է միմյանց սխալ հասկանալու հավանականությունը: Դա, սակայն, չի նշանակում, որ դիմացինը չի նեղանա այն բանից, ինչ նրան ասում է ինքնավստահ մարդը, բայց հարգալից և դիվանագիտորեն ասված խոսքն ավելի շուտ նպատակին կծառայի: Ինքնավստահ հաղորդակցումը ցանկալի արդյունքին հասնելու լավագույն միջոց է: Ինքնավստահ տեսակը նաև վստահություն է ներշնչում մյուսներին, քանի որ մարդիկ նրանց գիտեն որպես ազնիվ և շիտակ հաղորդակից:

ԻՆՔՆԱՎՍՏԱՀ ՀԱՂՈՐԴԱԿՑՄԱՆ ՀՄՏՈՒԹՅՈՒՆՆԵՐ

Հիշեք, որ ինքնավստահ լինելու նպատակը ձեր մտքերն ու զգացմունքները հարգալից արտահայտելն է: Դուք նաև ցանկանում եք նույն վերաբերմունքը ստանալ դիմացինից:

1.Օգտագործեք «Ես» արտահայտման ձևը: «Դու» խոսելաձևը լսողին մղում է պաշտպանական միջոցների: Դա հարձակողական լեզու է: Պետք է հետևել հետևյալ ձևաչափին՝ «Ինձ թվում է---------»: («Ես» արտահայտման ձևը ստեղծվել է Թոմաս Գորդոնի կողմից 1960-ականներին):

2.Որոշեք մյուս անձնավորության յուրահատուկ վարքագիծը: Հետևեք հետևյալ ձևաչափին. «Երբ դուք ---------»: Օրինակ, «Ես չափից ավելի եմ նյարդայնանում, երբ դուք զեկույցը ժամանակին չեք ներկայացնում»:

3.Ինչի՞ց եք ենթադրում, որ անձնավորությունը վարվել կամ չի վարվել ինչպես պետք է: Թող նրանք իմանան, թե ինչ եք հասկացել: Մենք ուզում ենք, որ մեզ լսեն և հասկանան: Դա սովորաբար պակասեցնում է պաշտպանված լինելու հավանականությունը: Օրինակ, «Ես հասկանում եմ, որ շատ զբաղված եք, և երբեմն համարյա անհնար է-----»:

4.Ինչ ուզում եք ասել, ասեք հարգալից տոնով: Հետևեք ձևաչափին. «Ես կցանկանայի, որ դուք ------»: Օրինակ, «Ես կցնականայի, որ դուք զեկույցը ներկայացնեիք ժամանակին»:

5.Ասեք, թե ինչու է դա կարևոր (թվարկեք պատճառները, թե ինչու եք այդպես ուզում): Օրինակ, «Դա ինձ համար կարևոր է, քանի որ երբ զեկույցը ժամանակին չեք ներկայացնում, իմը նույնպես հետաձգվում է, իսկ ես չեմ ուզում խնդիրներ ունենալ: Դա կարևոր է, որպեսզի ես շատ չլարվեմ կամ անհանգստանամ»:

6.Մտածեք որոշ այլընտրանքների մասին: Դրանց գրի առնելը բարձրացնում է հնարավոր փոփոխության հավանականությունը: Օրինակ, «Եթե չեք կարող զեկույցը ժամանակին ներկայացնել, խնդրում եմ՝ նախօրոք կապվեք ինձ հետ, որպեսզի ես կարողանամ ավելի լավ պատրաստվել: Ես ինքս էլ կարող եմ օգնել ձեզ զեկույցը կազմելուն, եթե ժամանակ ունենամ»:

Հեռու մնացեք ....քանի որ այն մյուսների մոտ առաջացնում է պաշտպանվելու ցանկություն

1.Այնպիսի բառերից, ինչպիսիք են «միշտ», «երբեք», «բոլորը» կամ «ոչ մեկը»:

2.«Ես քեզ այդպես ասացի »:

3.«Դու պետք է որ--- կամ կարող էիր---»

4.Խորհուրդ տալուց

5.«Դու» արտահայտման ձևից:

6.«Ինչո՞ւ» հարցեր տալուց: Դա մեղադրական է հնչում:

7.Ուրիշներին խոսակցության մեջ ներքաշելով: «-----------ձեր մասին մտածում է նույն ձևով»:

8.«Ես զգում եմ, որ դու----------»:

Փորձեք դերակատարումով: Ի՞նչ կզգայիք դուք, եթե լինեիք դիմացինի փոխարեն: Ինչպե՞ս կարող էիք ավելի արդյունավետ վարվել:

ՍՑԵՆԱՐՆԵՐ ԻՆՔՆԱՎՍՏԱՀ ՀԱՂՈՐԴԱԿՑՄԱՆ ՀԱՄԱՐ

Ինքնավստահ հաղորդակցման ձևաչափ

Ես զգում եմ---------(զգացմունքային բառ) երբ դու--------(հատուկ վարքագիծ)

Ես հասկանում եմ--------(բացատրեք, թե ինչ եք հասկացել)

Ես կցանկանայի-------(ասեք, թե ինչ եք ուզում)

Դա ինձ համար կարևոր է, որովհետև------------(թվարկեք կարևոր լինելու պատճառները)

Որոշ այլընտրանքներից են----------------(թվարկեք մոտեցման մի քանի եղանակ)

Ինքնավստահ հաղորդակցման օրինակներ

Ես նյարդայնանում եմ, երբ զեկույցը ժամանակին չեք ներկայացնում: Հասկանում եմ, որ դուք չափազանց զբաղված եք, երբեմն համարյա անհնար է, սակայն լավ կլիներ եթե զեկույցը ժամանակին ներկայացվեր: Դա ինձ համար նույնպես կարևոր է, որովհետև, երբ ձեր զեկույցը ժամանակին չեք ներկայացնում, իմը նույնպես հետաձգվում է, իսկ ես չեմ ուզում խնդիրներ ունենալ: Դա նաև կարևոր է, որպեսզի ես ավելորդ չլարվեմ ու չանհանգստանամ: Եթե չեք կարողանում զեկույցը ժամանակին ներկայացնել, կապվեք ինձ հետ նախօրոք, որպեսզի ես տեղյակ լինեմ: Ես կարող եմ նաև ձեզ օգնել, եթե ժամանակ ունենամ:

Օգտագործեք հետևյալ օրինակները ինքնավստահ հաղորդակցմանը պատրաստվելու համար.

1.Աշխատանքից հետո գալիս եք տուն և տեսնում այն թափթփված վիճակում: Դուք ձեր ամուսնու հետ նախօրոք խոսել եք տունը կոկիկ պահելու անհրաժեշտության մասին:

2.Աշխատակիցներն իրենց աշխատանքը հաճախ կիսատ են թողնում: Հետևաբար դուք ստիպված եք լինում ինքներդ ավարտել այն:

3.Նոր տարվա նախօրե է: Մնացել է 30 րոպե հետ հաշվարկի համար: Տաքսին, որը պատվիրել էիք, ժամանում է 10 րոպե ուշացումով և ձեզնից գանձում է կրկնակի գումար:

4.Երբ արտահայտում եք ձեր զգացմունքներն ու մտահոգությունները ձեր ամուսնուն, նա իր հերթին սկսում է կիսվել իր խնդիրներով՝ անտեսելով ձերը:

5.Չնայած ընկերդ ծանոթ է ձեր ֆինանսական դժվար վիճակին, նա շարունակ խնդրում է մեքենայով որևէ տեղ գնալ, բայց գազ լցնելու համար գումար չի առաջարկում:

6.Սենյակակից ընկերդ հայտնում է քեզ, որ չեք կարողանալու վճարել այս ամսվա վարձը: Նա ասում է դա հենց վարձավճարի օրը: Արդեն երրորդ անգամն է, որ նա այդպես է անում:

7.Ձեր տնօրենը անտեսում է ձեր աշխատանքը և կենտրոնանում է միայն սխալների վրա:

8.Զանգահարում եք ձեր ընկերոջը՝ առաջիկա անելիքները պլանավորելու համար, իսկ նա պատճառաբանություններով մերժում է առաջարկը: Նա նախկինում արդեն մի քանի անգամ հետաձգել է պլանները:

ԱԿՏԻՎ ՈՒՆԿՆԴՐՈՒՄ

Խոսակցությունը կարող է լինել բարդ հատկապես այն անհատների մոտ, որոնք իրար հետ չլուծված խնդիրներ ունեն: Զուգընկերոջ, ընկերոջ, ընտանիքի որևէ անդամի, աշխատակցի, տնօրենի, հարևանի կամ սեփական երեխայիդ հետ զրույցը կարող է վիրավորել՝ առաջացնելով զայրույթ, վրդովմունք, որն էլ կարող է վերածվել վեճի: Արդյունքում՝ կարվեն ոչ ճիշտ քայլեր:

Սակայն, եթե կիրառեք ներքևում բերված ակտիվ ունկնդրման ձևերից որևէ մեկը, կկարողանաք շատ կարևոր խոսակցությունն արդյունավետ դարձնել:

Առաջարկվող միջոցները հեշտ հիշելու համար լավագույն եղանակը դրանք 4 հիմնական փուլերում խմբավորելն է:

1.Ակտիվ ունկնդրումը

2. Արձագանքելը

3.Խոսակցությունը խորացնելը

4.Խոսակցությունը ավարտին հասցնելը

Ակտիվ ունկնդրում

1. ***Խրախուսել մարդուն խոսել.*** «Անտրամադիր ես երևում: Կցանկանա՞ս կիսվել ինձ հետ: Երբեմն խոսելն օգնում է»:

2. ***Ակտիվ ունկնդրելու դիրքը.*** Ետ նստեք, թուլացեք և աչքերով նրա հետ կոնտակտի մեջ մտեք: Դա դիմացի մարդուն հասկացնում է, որ իրեն խոսելիս չեն ընդհատի կամ ստիպված չի լինի պաշտպանվել:

3. ***Մի ընդհատեք լռությունը***: Եթե անգամ խոսողը լռում է, մի ընդհատեք նրան: Թույլ տվեք նրան մտքերը հավաքել, հնարավոր է նա ասի մի բան, որ մինչ այդ թաքցրել է:

4. ***Փոխակերպեք խոսքը/ կողմնակի հարցերով համոզվեք ասածի մեջ:*** Հաճախ, որպեսզի ստուգեք՝ արդյոք ճիշտ եք հասկացել խոսակցին և համոզեք նրան, որ ուշադիր լսում եք իրեն, կարճ ձևով ներկայացրեք նրան իր իսկ ասածները. «Դու, կարծեմ, ինձ ասում էիր -------------- Ճի՞շտ է», «Ճի՞շտ եմ հասկացել արդյոք»:

Արձագանքելը

1.***Զգայունություն և ջերմություն.*** Համբերատար պահելաձևն արդեն բավական կլինի դիմացինին քաջալերել, որ ազատ խոսի: Ժպտացեք: Գլխով հավանության նշաններ արեք: Աչքերով նրա հետ կոնտակտի մեջ եղեք:

2.***Արձագանք.*** Երբ խոսակցության հուզական պահերին զգացմունքային խոսքերով արձագանքում եք, խոսակիցը զգում է, որ դուք իրեն լսում, հասկանում և կարեկցում եք:

Օրինակ, «Այնպիսի տպավորություն է, կարծես ընկերդ ուզում է առավելություն ունենալ քո հանդեպ»:

3.**Աջակցում, քաջալերող մեկնաբանություններ.** Պարզապես կարճ, աջակցող բառերով ժամանակ առ ժամանակ խոսակցությանը խառնվելը կարող է հրաշքներ գործել՝ «Հոյակա՜պ է», «Ապրե՛ս», «Ի՜նչ ես ասում», «Քո կողմից դա խիզախ արարք էր»:

4.**Ընկալում, հաստատում, կարեկցանքի ցուցաբերում.** Հասկացեք դիմացինի զգացածն ու վիճելի հարցերը: Նրան հասկացրեք, որ գիտեք, թե որտեղից է իր մոտ այդ ամենը. «Տեսնում եմ, թե ինչպես են մտքերդ խառնվում, երբ ընդհատում եմ քեզ»:

5.**Ինքնաբացահայտում, մասնակցություն.** Երբեմն՝ կախված իրադրությունից, ճիշտ է կիսվել և պատմել քո սեփական փորձերի և նմանատիպ զգացողությունների մասին, այնպես, որ զրուցակիցը հասկանա՝ իր մոտ սովորական էմոցիաներ են. դրանք «դժվար խնդիրներ» չեն: Նպատակն այն է, որ նա սովորի այդ զգացողություններին վերաբերվել ավելի հանգիստ ու արդյունավետ ձևերով:

Խոսակցության խորացում

1.**Հույզերի մասին խոսելը.** Երբեմն մարդիկ պարզ չեն հասկանում, թե ինչ են զգում: Նրանց լսելուց հետո կարող եք ասել. «Ինձ թվում է, դու ավելի շատ վիրավորված ես և բարկացած, ոչ թե «հուսախաբ»»:

2.**Ճիշտ հարցադրում.** Հարցեր տալը նույնպես արվեստ է և կարող է արվել այնպես, որ դիմացինը չզգա, որ իրեն հարցաքննում են, այլապես ինքնապաշտպանության կդիմի: «Հետո ի՞նչ եղավ», «էլի մի բան ասա», «Ի՞նչ է դա նշանակում», «Սանդղակի 1-10 աստիճանացանցում դա ո՞ր աստիճանին էր հավասար», «Դժվա՞ր էր արդյոք»: Այս և նման հարցերի փոխարեն կարելի է կարճ միջամտություններ անել. «Ինչպե՞ս, ե՞րբ, որտե՞ղ»:

3.**Մեկնաբանում.** Զրուցակցին իր զգացողությունների, պահանջմունքների և մտահոգությունների մասին որոշ առաջարկություններ անելու նպատակն է նրան խորաթափանց դարձնել՝ հետագա փորձություններին ավելի հեշտ դիմակայելու համար:

4.**Հետևանքները.** Մտերմիկ զրույցների ընթացքում անհատը կարող է հուզականորեն պատրաստ լինել նոր հայացքով նայել ուրիշների հետ իրենց շփման ձևերին և հասկանալ, որ շփման ժամանակ իր սխալ վարքագծի պատճառով ինքն արժանի է այդ գնահատականին: Հարցեր տվեք դրա հետևանքների վերաբերյալ. «Երբևէ մտածե՞լ եք՝ արդյո՞ք մարդկանց վրա բղավելը կարող է նրանց լռեցնել կամ վախ ներշնչել»: «Աշխատավայրում ինչպե՞ս եք վարվել այդպիսի դեպքերում: Ի՞նչ արդյունքի եք հասել: Արդյո՞ք օգնել է դա»:

5.**«Ես»-ով ուղերձներ.** «Երբ դու-------- ես զգում եմ------», կամ «Ուզում եմ քեզ ասել------», «Իմ տեսակետն այդ մասին այն է---»: Նման արտահայտություններն ակտիվ ունկնդրման կարևոր ասպեկտներ են, որ ցույց են տալիս, թե յուրաքանչյուր անհատ ունի իր սեփական տեսակետը և որ դրանք ոչ թե մեղադրական, «ճիշտ» /«սխալ» դիրքորոշումներ են, այլ պարզապես «քեզ»/«ինձ» ուղերձներ:

Զրույցն ավարտին հասցնելը

1.**Խոսակցության նյութի փոխելը**. Եթե զգում եք, որ խոսողը հոգնել է կամ տրամադրությունը զցել, ապա ժամանակն է խոսակցության թեման փոխել կամ նույնիսկ քննարկումը դադարեցնել և առաջարկել այն շարունակել մի փոքր ավելի ուշ:

2.**Ամփոփում.** Զրույցն ավարտին հասցնելու ձևերից մեկն է ամփոփել այն ամենը, ինչ քննարկում էիք, նորից խոսեք խնդրի մասին, որոշեք գլխավոր նպատակը, ասենք, օրինակ, խնդիրը լուծելու լավագույն ուղին գտնելը:

3.**Գործողությունների պլան.** Հավանաբար զրույցը կավարտվի որևէ առաջադրանքի կամ հանձնարարություն կատարելու համաձայնությամբ (օրինակ, նախքան պատասխանելը սպասել մինչև կրքերը կհանդարտվեն): Եթե մեկ անգամ տեղի է ունեցել «լավ զրույց», ապա կարելի է ակնկալել, որ հետագայում նորից կլինի:

Սխալ ունկնդրման սովորություններ

Կան շատ հանգամանքներ, երբ ունկնդիրը կարող է վտանգել լավ ընթացքով զրույցը: Եկե՛ք դիտարկենք մի շարք այդպիսի ունկնդրման սովորություններ:

1.Դատապարտել այն ամենը, ինչ զրուցակիցն ասում է:

2. Ասել, որ դու ենթադրում ես, թե ինչ է ասելու զրուցակիցը:

3.Քննարկվող նյութի շուրջ սեփական զգացողությունները զսպել չկարողանալը:

4.Զրուցակցին ընդհատելը:

5.Առանց խնդիրն ընկալելու զրույցի թեման փոխելը:

6.Չհասկանալ անհատին, երբ նա խոսում է:

7.Շեղվել, երբ նրանք զրուցում են: (Հեռախոսը մի կողմ դրեք):

8. Փոխանակ խոսակցին լսելու, զբաղված լինել ձեր մտքերը ձևակերպելով:

9.Լուծումներ առաջարկելը/Խնդիրների ամրագրելը:

Ահա մի շարք իրավիճակների օրինակներ, որոնց հետ կարող եք աշխատել: Փորձեք օգտագործել ակտիվ ունկնդրման որքան հնարավոր է շատ միջոցներ՝ դրանց հնարավորինս վարժվելու համար:

1.Ձեր աշխատակիցներից մեկն ասում է ձեզ.

-Ես իսկապես այն կարծիքին եմ, որ մեր ընկերությունում հովանավորչություն կա: Ես նկատել եմ, որ իմ խնդրանքները երբեք չեն կատարվում, մինչդեռ ուրիշները ստանում են այն, ինչ ցանկանում են: Դա միշտ է այդպես:

2.Ձեր մայրը ձեզ ասում է.

-Շատ եմ ուզում, որ ինձ ավելի հաճախ զանգահարես: Ես մենակ եմ և, անշուշտ, կարոտում եմ քեզ: Եղբայրդ էլ, դու էլ շատ զբաղված եք: Չէի կարծում, որ ամեն ինչ կավարտվի միայնության այդպիսի զգացումով:

3.Ձեր կողակիցը ձեզ ասում է.

-Անհրաժեշտ է, որ տան գործերում գոնե մեկն ինձ օգնի: Բազմիցս արդեն ասել եմ այդ մասին, սակայն շատ կցանկանայի, որ դա արվի առանց իմ ասելու: Ես այնքան գործեր ունեմ հավաքված, որ, իսկապես, մեծ օգնություն կլինի, եթե որոշ գործեր ինքդ անես:

Գործնական աշխատանք. Փորձեք ակտիվ ունկնդրման հմտությունները ձեր մտերիմների հետ:

Իսկ ի՞նչ անել, եթե մարդիկ չեն արձագանքում ինձ

Արդյո՞ք կյանքը հոյակապ չէր լինի, եթե մարդիկ արձագանքեին այնպես, ինչպես մենք ենք ցանկանում: Եթե անցել եք զայրույթի կառավարման դասընթացները, վարժվել որոշ հմտությունների, բայց դեռևս չեք ստանում ցանկալի արդյունք, ապա շարունակեք աշխատել ձեզ վրա:

Երբեմն դժվար է հասկանալ, թե մարդն ինչու չի արձագանքում: Պատճառը հայտնի չէ անգամ իրեն: Բայց մի՛ հուսահատվեք: Կարդացեք ստորև գրվածը և տեսեք՝ արդյո՞ք դրանք կարող են օգտակար լինել հասկանալու համար, թե ինչու անհատը չի արձագանքում ձեր ջանքերին, որպեսզի զրույցը կայանա:

*1.***«Անօգուտ է».** Այցելուները երբեմն չեն մասնակցում զգացմունքային խոսակցություններին՝ կարծելով, որ դա որևէ օգուտ չի տալու, չի փոխելու ոչինչ: Հավանաբար, անցյալում նրանք զրույց են ունեցել ձեզ հետ, որտեղ իրենց պարտվողի դերում են զգացել: Եվ գուցե չեն ունեցել հակառակն ապացուցող որևէ դեպք, որի ընթացքում նրանց ցանկություններն ու պահանջմունքները կբավարարվեին: Դուք ստիպված եք միջոցներ գտնել՝ ցուցադրելու, որ պատրաստ եք լսելու նրանց կարծիքներն ու պահանջմունքները՝ սկսելով նախ փոքրիկ խոսակցություններից, իսկ հետո՝ ժամանակի ընթացքում, նրանց վստահությունը կվերականգնվի այն աստիճան, որ կհամարձակվեն մասնակցել ձեր զգացմունքային զրույցներին:

2. Ապահով զգալու պահանջմունք. Հնարավոր է, որ զրուցակիցն իրեն «ապահով» չզգա ձեզ հետ զրուցելիս: Նրան կարող է թվալ, որ դուք իրականում ի սրտե հետաքրքրված չեք իրենով:

3. **Իրավիճակային ապահովություն, թե՞ հարաբերական ապահովության.** Իրավիճակային ապահովությունն այն է, որ հենց այդ պահին ծավալվող կոնկրետ զրույցի ժամանակ այցելուն իրեն ապահով չի զգում ձեզ հետ (այստեղ ձեռք բերված որոշ հմտություններ կարող են ձեզ օգնել): Հարաբերական ապահովությունն այն է, որ զրուցակիցն իրեն շարունակաբար ապահով չի զգացել ձեզ հետ, չի վստահել (այս դեպքում խնդիրը չի լուծվի ձեռք բերված մի քանի հմտություններով): Նախ պետք է հասկանաք, որ հավանաբար դուք եք պատճառը, որ անհատը վստահություն չի զգում, ուստի պետք է փոխեք ձեր վերաբերմունքը: Հարգալից շփումը և վստահությունը լիարժեքորեն չի վերականգնվի, մինչև դուք չփոխեք ձեր գործելաոճը: Հետո ժամանակի ընթացքում, կնկատեք, որ մարդիկ կսկսեն ձեզ վստահել և ձեզ հետ հեշտությամբ կզրուցեն իրենց զգացմունքային խնդիրների մասին:

4.**Փոխադարձ չէ.** Լինում են դեպքեր, երբ անհատն իրեն հանգիստ է զգում կոնկրետ թեմայի շուրջ զրուցելիս, բայց զգացմունքային թեմաներին վերաբերող զրույցները նրան չեն օգնում: Այդպիսի զրույցի համար դուք պետք է ունենաք ընդհանուր նպատակ, խնդիր կամ նպատակակետ:

Հետագայում կարիք կա վարելու ևս մեկ զգացմունքային զրույց, որի ընթացքում դուք պետք է օգնեք նրան հասկանալ, որ այս զրույցը կօգնի իրեն ինչ-որ կերպ լուծել իր խնդիրը, ոչ թե թողնել օդից կախված:

5.**Չափից ավելի օժանդակություն.** Դասընթացն անցկացնողներից շատերը ցանկանում են «զգացմունքային զրույցներ» ունենալ ամեն մի փոքրիկ խնդրի դեպքում: Նրանք միշտ քննարկելու ինչ-որ հարցեր են ունենում, որը կարող է այցելուին համբերությունից հանել: Նա կսկսի ձեզ դիտել որպես «չափից ավելի օժանդակություն» և կխուսափի ձեզնից: Կա նաև մեկ այլ խնդիր՝ երկարաձգվող զրույցները հոգնեցնում են: Անտեսեք որոշ հարցեր, եղեք ավելի հասկացող և բարյացակամ: Սկսեք կառուցել վստահելի հարաբերություններ առողջ և հաճելի միջամտություններով: Մի՛ ստեղծեք ճնշող միջավայր: Դուք ցանկանում եք ուրիշների հետ շփվելիս հաճույք ստանալ, ուրեմն արեք այնպես, որ ուրիշների համար էլ հաճելի լինի ձեզ հետ շփվելը: Մի փոքր ավելի հանդուրժողականություն և համբերություն ձեր կողմից, և արդյունքը կլինի այն, որ այցելուն կցանկանա ձեզ հետ զրուցել առանց «չափից ավելի օժանդակություն» ստանալու վախի:

Ամփոփում. Հույս ունենք, որ այս ուսումնասիրություններն ու առաջարկությունները կօգնեն ձեզ պատկերացում կազմել այն ամենի մասին, ինչ տեղի է ունենում ձեր հարաբերություններում, քանի որ զգացմունքային զրույցները մտահոգիչ են և օգնում են ձեզ ստանալ արդյունքներ, որոնք ձեզ համար կարևոր են: Չնայած այս հմտությունները երաշխիք չեն, որ մարդիկ անմիջապես կարձագանքեն, սակայն կմեծանա հավանականությունը, որ երկուսդ էլ լսելի կլինեք: Ի վերջո, գոնե փորձած կլինեք անել լավագույնը:

Ջոզեֆ Գրենին երեք լավագույն վաճառվող գրքերի հեղինակն է. «Ազդեցություն գործողը», «Վճռական զրույց», «Վճռական առերեսում»:

ՎԵՃԻ ՄԵՂՄԱՑՈՒՄ

Իրենց հարաբերություններում մարդիկ ունեն միմյանց հետ շփվելու, կոնֆլիկտները լուծելու իրենց մեթոդները: Երբեմն վեճն իր գագաթնակետին է հասնում, և նրանք ճկունություն չեն ունենում ճիշտ քայլեր անելու: Օրինակ, մեկը կարող է լինել համբերատար ու կայուն կամքի տեր, իսկ մյուսը՝ բռնկվող և զգացմունքային: Սովորաբար, շուտ բռնկվող ու զգացմունքային մարդիկ են, որ հարաբերությունների մեջ լարվածություն են մտցնում, և կարող են դուրս հրավիրվել կայուն կամքի տեր ու ավելի համբերատար մեկի կողմից: Որքան շատ են նրանք առաջ քաշում թեման իրենց ճիշտը առաջ տանելու համար, այնքան ավելանում են բացասական էմոցիաները, և հարցի լուծումը ընթանում է սխալ ուղղությամբ: Սա մեծ լարվածություն է առաջացնում հարաբերությունների ժամանակ, որովհետև նրանցից ոչ ոք չգիտի, թե ինչ է մտածում կամ զգում իր դիմացինը, կամ ինչ է ցանկանում նա: Նրանց հարաբերությունները կարող են նմանվել ջրի և ձեթի խառնուրդի: Եկեք տեսնենք՝ ինչ միջոցներ կան, որոնք կարող են օգնել նրանց դուրս գալ այս անլուծելի վիճակից և հարգանք ու համակրանք ցուցաբերել միմյանց նկատմամբ. արդյունքում՝ խնդիրը կլուծվի ավելի հարթ ճանապարհով, ոչ թե ևս մեկ վեճով:

Ընտրեք այն արդյունավետ միջոցները, որոնք ձեր կարծիքով կարող են օգնել կոնկրետ ձեր հարաբերություններում:

1. Երբ խոսակցությունը դուրս է գալիս ընդունելի սահմաններից, և զգում եք, որ կարիք ունեք մենակ մնալու, հայտնեք ձեր խոսակցին այդ մասին: Ասեք, որ ուզում եք մենակ մնալ ինքնատիրապետումը վերագտնելու համար, և որ կվերադառնաք խոսակցությանը նշված ժամանակահատվածում:

2. Երբ զրուցում եք մեկի հետ, և վերջինս ձեզ տալիս է ավելի շատ տեղեկություն, քան կարող եք ընդունել, խնդրեք նրան մի փոքր դադար տալ: Վստահեցրեք զրուցակցին, որ այն, ինչ նա ասում է, շատ կարևոր է ձեզ համար, և որպեսզի կարողանաք լսել նրան համակ ուշադրությամբ և ճիշտ արձագանքեք նրա ասածներին, ավելի արդյունավետ կլինի մի փոքր ընդմիջել: Մի՛ շարունակեք լսել, երբ զգում եք, որ այլևս չեք կարողանում ուշադրության արժանացնել զրուցակցին, քանի որ դա կարող է վեճի վերածվել:

3. Խուսափեք «որոշելուց» կամ «խնդիրներ լուծելուց»: Ավելի շուտ մշակեք ուրիշին լսել կարողանալու հմտություններ: Եղեք հնչեղ տակառ զրուցակցի համար, խրախուսեք նրան, որ խոսի: Դա կօգնի նրան դուրս գալ իր դժվար կացությունից: Սովորաբար ավելի քիչ զգացմունքային մարդն է, որ ցանկանում է «խնդիրը լուծել»: Նրան թվում է, թե օգնում է, բայց իրականում իրավիճակն ավելի է բարդանում: Իր այդ քայլով նա ուզում է ասել. « Դու ուզում ես, որ ես լավ զգամ, բայց չես կարող գործը գլուխ բերել, երբ անտրամադիր եմ»:

4. Երբ մեկն անտրամադիր է, մի՛ մեղադրեք ձեզ դրանում: Հեշտ է մեղավոր կամ պատասխանատու զգալ, երբ նրանք խոսում են ձեզ հետ այնպես, կարծես դուք եք մեղավոր: Արեք ամեն ինչ նրան լսելու, հասկանալու և ընդունելու նրա ասածները:

5. Երբեք մի՛ արտահայտեք ձեր կարծիքը, խորհուրդ մի՛ տվեք կամ որևէ լուծում մի՛ առաջարկեք, անգամ, եթե նրանք ձեզ խնդրեն, քանի որ կրկին տպավորությունն այն կլինի, թե նրանցից լավ գիտեք, թե ինչն է նրանց համար ավելի լավ: Փոխարենը խնդրեք, որ նրանք մտածեն տարբերակներ, և հարցրեք՝ որոնք են այդ տարբերակների լավ և վատ կողմերը: Սա հնարավորություն կտա նրանց մտածել, որ այն, ինչ մտածում են, արժեքավոր է և կարևոր. արդյունքում՝ նրանք կհանգեն լավագույն որոշման:

6. Շատ վեճերի հիմքում ընկած է թյուրիմացությունը: Հեշտ է խոսակցությանը տալ հետևյալ ուղղությունը. նախքան պատասխանելը, ստուգեք՝ արդյոք ճի՞շտ եք լսել այն, ինչ նա ասաց: Օրինակ, Ես կարծեմ լսեցի, որ դու ինձնից դժգոհ ես, որովհետև ես տանը այնքան էլ գործ չեմ անում, որքան դու ես ցանկանում, այդպե՞ս է»: Եթե պարզվի, որ ճիշտ եք հասկացել, նոր միայն պատասխանեք ու առաջարկեք ձեր տեսակետը:

7. Անշուշտ, կլինեն տարաձայնություններ տեսակետների ու կարծիքների մեջ: Այդ դեպքում հարցրեք ձեր զրուցակցին, թե ինչպե՞ս է հանգել այդ եզրակացությանը: Մտածեք, թե նրանց արտահայտած որ միտքն է ձեզ դուր գալիս: Այս ձևով դուք կհասկանաք՝ ինչու՞ են նրանք եկել այդպիսի եզրակացության՝ առանց մյուսի տեսակետերի հետ համաձայնելու:

8. Խուսափեք կեղծ հույսերից կամ հանգստացնող արտահայտություններից: Օրինակ, մի ասեք. «Ամեն ինչ լավ կլինի»: Դուք ինքներդ էլ վստահ չգիտեք, որ ամեն ինչ լավ կլինի, և այդ արտահայտությունը առանձնապես չի օգնի նրան: Նորմալ է նաև, երբ մյուս անհատը լաց լինի: Օգնեք նրան լսելով և նրա կողքին լինելով:

9. Համաձայնեք նրանց զգացմունքների հետ: Խուսափեք այնպիսի արտահայտություններից, ինչպիսիք են. «Մի՛ անհանգստացեք այդ մասին», կամ «Ձեզ վատ մի՛ զգացեք»: Այս անորոշ արտահայտությունները կարող են ստիպել մարդուն իրեն չլսված և չհասկացված զգալ: Փոխարենը, փորձեք ասել, «Տեսնում եմ, թե իմ տնային գործերի մեջ թերանալը որքան է ազդում քո գրաֆիկի վրա»:

10. Տեսնելով դիմացինի հուսահատ և բարկացած վիճակը, դիմեք նրան այսպես. «Դու դժգոհ ես ինձնից, որովհետև -----»:

Սա կհանգստացնի նրան և ետ կպահի հարձակողական իր մտադրությունից, քանի որ նա կզգա, որ իրեն հասկանում և լսում են:

ԿՈՆՖԼԻԿՏԻ ԼՈՒԾՈՒՄ

Եթե ինչ-որ մեկի բարկության կամ վրդովմունքի թիրախն եք դարձել, դժվար կլինի ձեզ համար սառը դատողությունը պահել և օգտագործել սովորած միջոցները տվյալ իրավիճակում ձեզ ճիշտ դրսևորելու համար, հատկապես, երբ այդ մեկը հարձակվել է ձեզ վրա իր բղավոցներով և սպառնալիքներով: Դուք հավանաբար կսկսեք որոնել պաշտպանական հին ձևեր՝ փոխադարձաբար բղավելով նրա վրա կամ պաշտպանվել այլ ձևերով: Դրա պատճառն այն է, որ դեռ հաստատուն չեք ձեր համոզմունքներում և ստանդարտներում: Դա, անշուշտ, ժամանակ է պահանջում, բայց երբ արդեն դառնաք ավելի ինքնավստահ, դուք կկարողանաք լինել իրադրության տերը:

Որոշ դեպքերում, երկու կողմերն էլ կարող են միաժամանակ տրվել զգացմունքներին և շարունակել պաշտպանական դիրք ընդունել, հարձակվել միմյանց վրա՝ փորձելով իրենց տեսակետը պնդել՝ երբ մի կողմը բոլորովին չի լսում մյուսին: Դա իրադրությունն ավելի է սրում, քանի որ նրանցից ոչ մեկը երկար ժամանակ չի կարողանում հանդարտվել, և վեճի օղակը չի կտրվում:

Ինչպիսին էլ լինի իրադրությունը, ներքո բերված ինը մարտավարություններից մեկն անպայման կօգնի այդ հարցում.

1.Ընդունեք, որ կարող եք սխալված լինել: Դա կօգնի արդարացիորեն նայել ձեր սխալներին՝ հասկանալով, որ պետք չէ մեղադրել ինքներդ ձեզ:

2.Երբ ձեզ ուղղված քննադատության մեջ կա ճշմարտություն, համաձայնեք դրա հետ և մտածեք, թե ինչպիսի ազդեցություն կունենար այն ստեղծված խնդրի վրա: Դա կօգնի հանդարտեցնել վեճը, որովհետև դիմացինը կզգա, որ իրեն լսում ու հասկանում են:

3.Հստակորեն նշեք, թե ինչի համար եք ներողություն խնդրում, ոչ թե պարզապես ասեք «ներողություն»: Արտահայտեք ձեր զղջումը անկեղծ տոնով և ասեք, որ ցավում եք նրան անհանգստություն պատճառելու համար, և հասկանում, որ ձեր արարքը ազդել է նրանց վրա:

4.Եթե կան կոնկրետ փոփոխություններ, որ կարող եք անել, հայտնեք նրան այդ մասին: Սակայն հետևողական եղեք ձեր խոստումը կատարելու մեջ: Եթե փոփոխությունն անհնար է, սուտ խոստումներ մի՛ տվեք:

5.Երբ մեկը ձեզ հանդիմանում է ինչ որ բանում, հետաքրքրվեք՝ արդյոք դա հիմք ունի՞: Իրադրությունն ուսումնասիրեք մի քանի մտերիմ ընկերների հետ, և խնդրեք նրանց իրենց տեսակետն արտահայտել այդ հարցի վերաբերյալ: Եթե պարզվի, որ խնդիրը ձեր մեջ է, և կարող եք ինչ-որ բան փոխել, որը կկարգավորի իրադրությունը, ապա քայլեր ձեռնարկեք այդ ուղղությամբ: Սակայն, համոզվեք, որ դրանք հարմար կլինեն ձեզ: Եթե «փոփոխություն» կատարեք ավելի շուտ, քան պատրաստ եք, արդյունքում կմնա զայրույթի զգացողությունը:

6.Նորմալ է նաև, եթե որոշեք ոչ մի փոփոխություն չանել: Կարևորն այն է, որ լսել եք դիմացինին և կարեկցանքով մոտեցել յուրաքանչյուր բողոքին: Անկեղծ եղեք և նրանց հայտնեք, որ առայժմ չեք պատրաստվում որևէ փոփոխության, մինչև նրանց տեսակետի շուրջ չմտածեք:

7.Եթե անձնավորությունը նվիված է, դուք էլ նրա հանդեպ եղեք նվիրված: Տրամադրեք նրան ձեր ժամանակից, կամ որևէ բան, որ այդ պահին հարմար կհամարեք: Հարցրեք՝ էլ ինչո՞վ կարող եք օգտակար լինել:

8.Եթե անձնավորությունը պասիվ է կամ չի խոսում իր կարիքների ու պահանջմունքների մասին, օգնեք նրան հարցնելով իր նախընտրությունների մասին: Հեշտ է որոշումներ կայացնել ձեր օգտին, բայց պետք է հասկանալ, որ նա կարող է լռելով բարկանալ: Պետք է հիշել, որ առաջարկությունների և որոշումների մեջ անհրաժեշտ է նաև նրան հաշվի առնել:

9.Եթե որևէ հին խնդիր նորից է ծագում, նշանակում է ինչ-որ բան մնացել է չբացահայտված: Օգտագործեք ձեր սովորած հմտությունները և առաջարկեք նրան աջակցություն, ուշադրություն: Կարող եք նաև հարցնել, թե այս անգամ ինչն էր պատճառը, որ նորից անդրադառնում է հին խնդրին: Շատերի համար տհաճ է նորից ու նորից նույն հարցը քննարկելը: Սակայն մարդիկ կարիք ունեն խնդրին վերջնական լուծում տալու հարաբերություններում առաջխաղացում մտցնելու համար:

Երբ ամեն ինչ շատ վատ է և դուք փորձում եք տարբեր մարտավարական հնարքներ գործածել

Շատ հարաբերություններում նրանցից մեկին թվում է, որ անհրաժեշտ է բղավել, որպեսզի իրեն լսեն: Եթե մեկը լուռ է, ապա մյուսն ավելի է բղավում: Ցավոք, դա խնդիրներ է առաջացնում:

Երբ կարծում եք, որ վեճն արդեն դուրս է հսկողությունից, ավելի հեշտ է անօգնական և անուժ զգալ: Հիշեք, որ մյուս անձնավորությունը բղավում է, որովհետև ինքն էլ է անուժ ու անօգնական զգում իրեն, և ձայնը բարձրացնում է, որ իրեն լսեն:

Ներքևում բերվում են մարտավարական լուծումներ նման իրավիճակներից դուրս գալու համար.

1.Եթե ի վիճակի չեք քննարկումը հանդարտեցնել, դուրս եկեք սենյակից ձեզ հանգստացնելու համար: Վստահեցրեք դիմացինին, որ այդ հարցին կանդրադառնաք որոշ ժամանակ հետո:

2. Եթե գտնում եք, որ կարող եք փոթորկի դեմն առնել, կենտրոնացեք դիմացինի վրա: Մի՛ ընդհատեք նրան: Մինչ նայում եք նրան, մտածեք. «Ի՞նչը կարող էր նրան վիրավորած լինել»: Սա հատկապես դժվար է անել, քանի դեռ հարվածի տակ եք:

3.Հասկացեք, թե ինչ է կատարվում և ասեք, թե ինչ եք ուզում: Եթե վախ ունեք, ապա այնպես արեք, որ դիմացինը հասկանա՝ իր բղավոցը վախեցնում է ձեզ: Կարող եք նույնիսկ ասել. «Ինձ դուր չի գալիս, որ մենք վիճում ենք: Ես իսկապես կցանկանայի գրկախառնվել և լսել, որ ամեն ինչ լավ է լինելու»:

4.Երբ հարմար առիթ եք տեսնում, ասեք նրան, որ հասկանում եք նրա տեսակետը:

5.Երբ կողմերը տաքացած վիճում են, հարմար պահ չէ փորձել պատճառաբանել կամ չհամաձայնել նրանց հետ: Բորբոքված ժամանակ նրանք անընդունակ են լսելու: Դադարեցրեք: Սպասեք: Լուծեք հարցը ավելի ուշ:

ՀՈՒՅԶԵՐԸ ՀԱՍԿԱՆԱԼՈՒ ՈՒՆԱԿՈՒԹՅՈՒՆ ԵՎ ԿԱՐԵԿՑԱՆՔ

Սեփական հույզերը որոշելը և ուրիշների վարքագիծը հասկանալը

Ի՞նչ է հույզերը հասկանալու ունակությունը (emotional intelligence)

Սա ունակություն է, որի կիզակետը սոցիալական և հուզական իրազեկությունն է: Այն ներառում է ունակություններ՝ հասկանալու համար, թե ինչպես եք դուք ազդում ուրիշների վրա և ինչպես են նրանք ազդում ձեզ վրա, և օգտագործել այդ տեղեկությունը մյուսների հետ շփվելիս լավ հարաբերություններ ձևավորելու համար: Բացի այդ՝ այս ունակությունն ընդգրկում է ձեր մտքերն ու հույզերը հասկանալը և այդ տեղեկությունը ձեր վարքագծում և գործելաոճում օգտագործելը:

Հայտնի հոգեբան Դանիել Գոլեմանը ընդհանրացնում է հուզական ունակության տեսակետը: Նրա աշխատությունների համաձայն՝ ստորև բերված որակավորումները արտահայտում են հուզական ունակության հիմնական բաղադրիչ մասերը, որոնք կարող են օգնել մարդկանց ավելի արդյունավետ դարձնել իրենց շփումը մյուսների հետ տարբեր իրավիճակներում: Բաղադրիչները հետևյալներն են.

1.Ինքնաիրազեկում. ինքդ քեզ, քո մտքերը և զգացմունքները հասկանալու ունակություն

2.Ինքնակառավարում. քո ազդակները և վարքագիծը կառավարելու և ոչ հարմար իրավիճակներին հարմարվելու հմտություն:

3.Սոցիալական հմտություն. իրազեկությունն է, թե ինչպես եք դուք ազդում շրջապատի վրա և ինչպես են նրանք ազդում ձեզ վրա, և ունակությունը այդ հմտությունների միջոցով նրանց հարաբերությունները բարելավելու համար:

4.Կարեկցանք. հաշվի առնել և հասկանալ մյուսների հնարավորություններն ու զգացմունքները:

Ի՞նչ է կարեկցանքը

Կարեկցանքը՝ հուզական ունակության բաղադրիչներից մեկը, միանգամայն արդյունավետ միջոց է, որը կարելի է կիրառել զայրույթը մեղմելու համար: Ուրիշների տեսանկյունից կյանքին նայելու ունակություն, այլ կերպ ասած «ձեզ իրենց տեղը դնելը» կարեկցանքի էությունն է: Դա մյուսների զգացմունքները, մտահոգությունները կամ փորձությունները հասկանալու մտավոր և հուզական ունակություն է:

Համեմատելով ձեր այն հույզերը, որոնք տվյալ իրադրությունում նույնն են, ինչ մյուսներինը, դուք հնարավորություն եք ունենում ավելի լավ հասկանալ և համեմատվել նրանց հետ:

Ինչու՞ ենք կարեկցանք ցուցաբերում

Կարեկցելով, մենք մեր սիրելիներին փոխանցում ենք, որ հասկանում ենք նրանց և ավելի ուշադիր վերաբերվում նրանց փորձություններին: Սա կապ հաստատելու և մտերմութուն սկսելու համար լավ միջոց է: Երբ մարդիկ նկատում են իրենց վիճակը հասկանալու ձեր քայլերը, նրանք սկսում են ձեզ վստահել, ազատ լինել և հուզական ապահովություն զգալ:

Որքան շատ կարեկցանք ցուցաբերեք, այնքան շատ կնկատեք մարդկանց զոհունակությունը ձեր հանդեպ: Ի վերջո, մեծ կարեկցանքի արդյունքում ստեղծվում են ավելի առողջ, իմաստալից և հարգալից հարաբերություններ:

Ինչպե՞ս ենք կարեկցանք ցուցաբերում

Ճիշտ կարեկցանք ցուցաբերել սովորելը ժամանակ է պահանջում, բայց այն դժվար չէ: Երբ զգում եք, որ ձեր սիրելին անտրամադիր է, փորձեք հասկանալ, թե ինչ հոգեվիճակում է նա և ինչ է զգում: Եթե վստահ չեք, փորձեք վերհիշել ձեզ հետ կատարված նմանատիպ որևէ դեպք, թե ինչ զգացումներ եք ունեցել, ինչպես եք վարվել. ամենայն հավանականությամբ ձեր վերապրած հույզերը նույնը կլինեն, ինչ տվյալ պահին ունի այդ անձնավորությունը: Հետո փորձեք կիսել նրա հետ այդ տեղեկությունը շատ նրբորեն և կարեկցանքով: Կարող եք, օրինակ, ասել այսպիսի մի բան. «Ելնելով իմ փորձից՝ ասեմ, որ հավանաբար քեզ շատ տխուր, վիրավորված և վախեցած ես զգում հիմա: Ուզում եմ ասել, որ շատ լավ հասկանում եմ քեզ, և մտահոգ եմ քեզ համար»: Այսպիսի վերաբերմունքից հետո հավանական է, որ մարդն իրեն լսված և հասկացված զգա:

Վարժություն. Հուզական ունակության ցուցաբերում

Վերը արծարծված տեղեկության հիման վրա հետևյալ վարժությունը կօգնի որոշել մարդկանց վարքագծի հանդեպ ձեր ռեակցիան, հասկանալ՝ ինչպես են նրանք ընկալում ձեր վերաբերմունքն իրենց վարքագծի հանդեպ և օգտագործել այդ տեղեկությունը ձեզ անհրաժեշտ պարագայում:

Կարդացեք և լրացրեք նախադասությունները հետևյալ տարբերակներով. 1.ձեր մեկնաբանումներով և մտքերով և 2.իրադրությունը ընկալելու ձեր զգացողություններով: Օրինակ.

«Երբ դու ինձ չասացիր, թե ինչն է քեզ անհանգստացնում, ես մտածեցի, որ ինձ չես վստահում, և շատ վիրավորվեցի ու լռեցի»:

1.Երբ ինձ քննադատեցիր իմ տնօրենի և ամբողջ թիմի ներկայությամբ, ես մտածեցի, որ-------
---, և այդ պատճառով ինձ զգացի------------------------------

2.Երբ աշխատանքից տուն եկա, և ինձ չդիմավորեցիր, ես մտածեցի, որ ------------------------------
--, և այդ պատճառով ինձ զգացի--------------------------------

3.Երբ ինձ ջղայնացնում էիր ծնողներիս ներկայությամբ, ես մտածեցի, որ-------------------------
---------------------------------------, և այդ պատճառով ինձ զգացի-----------------------------------

4.Երբ ընկերներիդ հետ դուրս էիր եկել և տուն եկար խոստացածդ ժամից շատ ավելի ուշ, ես մտածեցի, որ---
--, և այդ պատճառով ինձ զգացի--------------------------------

5.Երբ լսեցի, որ իմ անձնական տեղեկությունը, առանց ինձ տեղյակ պահելու, հայտնել ես ուրիշին, ես մտածեցի, որ--
---, և այդ պատճառով ինձ զգացի------------------------------

6.Երբ բոնուսդ օգտագործեցիր նոր հեռուստացույց գնելու համար պարտքերը վճարելու փոխարեն, ես մտածեցի, որ-- ----------------------------------, և այդ պատճառով ինձ զգացի--

7.Երբ իմ խոսելու ընթացքում դու զբաղված էիր հեռախոսդ ստուգելով, ես մտածեցի, որ-------- --, և այդ պատճառով ինձ զգացի---------------------------

8.Երբ մենք միասին ենք, և դու նայում ես մեկ այլ կնոջ/տղամարդու, ես մտածում եմ, որ-------- ---, և այդ պատճառով ինձ զգացի----------------------------

Ուշադրություն դարձրեք, որ յուրաքանչյուր դեպքում նախադասությունն ասում է «ես զգացի», ոչ թե «քո պատճառով ես զգացի»: Այս բառախաղի թաքնված նպատակն այն է, որ ոչ ոք չի կարող «ստիպել» քեզ զգալ այս կամ այն ձևով: Յուրաքանչյուր մարդ ունի իր անհատական գործելաոճը, և քեզանից է կախված՝ ինչպես ընկալել կամ մեկնաբանել նրանց գործողությունները: Այլ կերպ ասած, դուք նյարդայնանում եք ուրիշների գործողությունները ձեր տեսանկյունով մեկնաբանելուց:

Հիմա ետ գնացեք և ստուգեք՝ արդյո՞ք դուք վերը նշված մտքերին պատասխանել եք բարկացած բառերով: Հիշեք, խնդրեմ, որ բարկության դեպքում օգտագործվում է 130 բառ: Հիմա կրկնեք այդ նախադասությունները և փորձեք նշել այլ զգացողություններ, որոնք կարող էին ձեր բարկության պատճառը լինել: Շատ հեշտ է ասել. «Ես բարկանում եմ» և վերջացնել, խնդիրն այն է, որ պետք է գտնել և արտահայտել դրա պատճառը հանդիսացող հիմնական հույզը (օրինակ, տխրություն, վիրավորանք, վախ, մերժում): Հնարավոր է, որ հիմնական պատճառ հանդիսացող հույզն այնքան ուժեղ չզգաք, ինչպես զայրույթը, ամեն դեպքում գրի առեք այն:

ԿԱՐԵԿՑԱՆՔ ԱՌԱՋԱՑՆԵԼԸ

Ինչպե՞ս կարելի է ընթացքում հասկանալ ուրիշների հույզերը: Արդյո՞ք մարմնի լեզվի միջոցով: Հուզական ունակության մի մասն այն է, որ կարողանանք հասկանալ, թե ինչ է կատարվում մեզ հետ կոնկրետ դեպքի ժամանակ: Երբ փորձում եք արտահայտել ձեր զգացմունքները, մի պահ պատկերացրեք ձեզ՝ նրա փոխարեն և տեսեք, թե որոնք են նրա ակնկալիքները ձեզնից:

Նախկին վարժության մեջ յուրաքանչյուր բերված իրադրությունում գտեք այն ձևերը, որոնցով կարելի է պարզել, թե ինչու է անձը վարվել հատկապես այդ ձևով: Հիշեք, որ դա անելու համար դուք պետք է ձեզ պատկերացնեք նրա փոխարեն և դա անեք շատ բնական ձևով՝ առանց նրանց գործողությունների հանդեպ որևէ կասկած կամ անվստահություն ունենալու:

Ներքևում բերված են նույն իրավիճակները, ինչ վերևում: Նորից անդրադարձեք դրանց, այս անգամ նկարագրեք անձնավորության տվյալ վարքագծի պատճառները՝ նրա փոխարեն ձեզ պատկերացնելով: Օրինակ, հետևյալ իրավիճակի համար.

-Դու ինձ չասացիր, թե ինչն է քեզ անհանգստացնում: Գուցե դա նրանից է, որ նախկինում՝ նման դեպքերում, ես բարկացել եմ, և դու վախ ունեիր, որ հիմա էլ նույն կերպ կվարվեմ:

1.Իրավիճակ. Դու ինձ նկատողություն արեցիր իմ տնօրենի և ամբողջ թիմի ներկայությամբ:

2.Իրավիճակ. Ես տուն եկա աշխատանքից, իսկ դու ինձ չդիմավորեցիր:--------------------------
----

3.Իրավիճակ. Դու ջղայնացրիր ինձ իմ ծնողների նեկայությամբ:------------------------------------
----

4.Իրավիճակ. Դու ընկերների հետ դուրս էիր եկել և վերադարձար խոստացած ժամանակից շատ ավելի ուշ:--

5.Իրավիճակ. Իմացա, որ իմ գաղտնի ինֆորմացիան հայտնել ես ուրիշին՝ առանց իմ գիտության:--

6.Իրավիճակ. Դու քո բոնուսն օգտագործեցիր նոր հեռուստացույց գնելու համար, փոխանակ պարտքերը փակելու:---

7. Դու ստուգում էիր քո հեռախոսը ինձ հետ զրուցելիս:---
----

8. Երբ միասին ենք, դու նայում ես ուրիշ կանանց/տղամարդկանց:----------------------------------
----

Որքան շատ կարեկցեք, այնքան քիչ կտխրեք, կամ անտրամադիր կզգաք: Կարեկցանքն ու զայրույթը հակառակ կողմերով իրար համարժեք են:

ՄՏԱԾՎԱԾ ՊԱՏԱՍԽԱՆԵԼՆ ԸՆԴԴԵՄ ԱՆՄԻՋԱՊԵՍ ՊԱՏԱՍԽԱՆԵԼՈՒՆ

Մենք ապրում ենք այնպիսի հասարակությունում, որտեղ ցանկանում ենք առաջացած խնդրին արագ արձագանքել և գոհ մնալ: Երբ ոմանք հայտնվում են որևէ դժվար կացության մեջ, ինչպես օրինակ, նյարդայնացնող հաղորդագրություն կամ ձայնային հաղորդագրություն, հոգեկան այնպիսի ցավ են զգում, որ ցանկանում են անմիջապես դրան պատասխանել: Շատերն էլ պատասխանում են ավելի ուշ մտածելով իրենց պատասխան վերաբերմունքի մասին: Երբ արձագանքը լինում է անմիջապես առանց մտածելու հարցի մասին և ճիշտ լուծումներ գտնելու, նրանք ավելի են խորացնում վիճակը, որից դուրս գալն արդեն դժվարանում է;

Հետո զարմանում են, թե ինչու՞ դրությունն այդքան արագ բորբոքվեց, ու կանգնում են փաստի առաջ՝ «Ինչու՞ այդպես ստացվեց», «Ինչու՞ ամեն ինչ ավարտվեց նրա հեռանալով»: Ցավոք, դժվար կլինի գտնել բավարարող պատասխան: Վիճակից դուրս գալու ելքը մեկն է. պետք է հասկանալ մտածված պատասխանելու և անմիջապես պատասխանելու տարբերությունը:

Անմիջապես տրվող պատասխան

Երբ անմիջապես ենք պատասխանում, ապա գործողությունները կատարվում են հուզականորեն զգռված վիճակում: Բոլորովին հարմար ժամանակ չէ արձագանքելու նյարդայնացնող որևէ հաղորդագրության, երբ գտնվում ենք այդպիսի հուզական վիճակում: Առաջնային ռեակցիան միշտ հարձակողական է: Այլընտրանքային ձևը մի փոքր սպասելն է՝ մինչև հաջորդ օրը: Կարող եք նաև սևագիր հաղորդագրություն անել և չուղարկել հասցեատիրոջը, այլ կարդալ այն հաջորդ օրը: Ամենայն հավանականությամբ կնկատեք, որ սևագրության տոնը կոպիտ է, պաշտպանական և/կամ հարձակողական: Հիմա սկսեք գրել մի նոր հաղորդագրություն և կտեսնեք դրանց տարբերությունը: Այս տարբերությունն է, որ հնարավորինս կփրկի ընկերությունը:

Մտածված պատասխան

Մտածված պատասխանը, ի հակադրություն անմիջապես տրվող պատասխանի, պահանջում է մի փոքր սառել, նորից մտածել, անցնել կատարվածի վրայով, նոր միայն դիմել գործողությունների: Սա թույլ կտա ուսումնասիրել և հասկանալ, թե ինչն է իսկապես ձեզ անհանգստացնում տվյալ իրադրությունում, պարզաբանել բոլոր կարիքներն ու պահանջմունքները և կիսվել մյուս անձնավորության հետ, եթե անհրաժեշտ է: Սպասելու ընթացքում, ճիշտ կլինի գրի առնել ձեր խառը մտքերը և վիրավորված զգացմունքները: Կարող եք նաև զանգահարել այնպիսի մարդու, որին վստահում եք, պատմել նրան ձեր հոգեկան ապրումների մասին և միասնական որոշում կայացնել, թե ինչպես կարելի է խնդրին ավելի արդյունավետ լուծում տալ: Այսպիսի գործնական քայլերը կբարձրացնեն ընկերական ու բարեկամական հարաբերությունները պահպանելու հավանականությունը:

Ինչպես ընտրություն կատարել

Օրինակ 1. Տնօրենը քննադատեց կատարածս աշխատանքը, և ես…

ա.զայրացա և վրդովվեցի, ինձ խաղից դուրս վիճակում զգացի, և աշխատանքը տուժեց (անմիջական ռեակցիա):

բ. Իմացա, որ աշխատանքս հավանաբար գերազանց չի եղել, և հասկացա, որ տնօրենս ընդամենը փորձում էր ինձ օգնել: Ես շարունակեցի իմ աշխատանքը (մտածված պատասխան):

Օրինակ 2. Ես մի անհանգստացնող հաղորդագրություն ստացա, և ես...

ա. Ի պատասխան գրեցի մի ամբողջ էջ՝ պաշտպանելով ինքս ինձ, կատաղած խոսքեր ուղղեցի նրան, որից տուժեց ընկերությունը:

բ. Գրեցի իմ զայրույթի, վախի, մտահոգության մասին, փորձեցի հասկանալ իմ զգացողությունները և հաշվի առնել մյուսի տեսակետը: Հետո հաղորդագրություն գրեցի՝ արտահայտելով մտքերս և զգացողություններս հարգալից կերպով, և հաղթահարեցի խնդիրը՝ նրբանկատորեն տեղեկացնելով կարիքներս ու պահանջմունքներս (մտածված):

Պարզ իրավիճակներ գործնական աշխատանքի համար

1.**Իրավիճակ**. Իմ տնօրենը քննադատեց իմ աշխատանքը:

Անմիջական պատասխան.---

Մտածված պատասխան--

2.**Իրավիճակ**. Նախկին հերթափոխի բանվորներից մեկն իր աշխատանքը թողել է ինձ, որը նա պետք է ավարտած լիներ իր հերթափոխի ընթացքում:

Անմիջական պատասխան---

Մտածված պատասխան--

3.**Իրավիճակ**.Մայրս ինձ հետ հեռախոսով խոսում է ավելի երկար, քան ես կցանկանայի խոսել:

Անմիջական պատասխան---

Մտածված պատասխան--

Ձեր իրավիճակները

Թվարկեք ցանկացած իրավիճակ, որտեղ դուք տվել եք անմիջական պատասխան.

1.Իրավիճակ---

ա.Ինչպե՞ս արձագանքեցիք:

բ. Ինչպե՞ս կարող էիք պատասխանած լինել:

2.Իրավիճակ---

ա.Ինչպե՞ս արձագանքեցիք:

ա. Ինչպե՞ս կարող էիք պատասխանած լինել:

ԿԱՌԱՎԱՐԵԼՈՒ ՊԱՏՐԱՆՔ

Շատ դժվար է կառավարել ուրիշներին և նրանց ուղղված մեր սեփական հուզական ռեակցիաները: Հաճախ այդ հարցում հաջողություն չենք ունենում: Իմանալով սա՝ մենք շարունակում ենք էներգիա ծախսել՝ կառավարելով այն, ինչն անհնար է կառավարել:

Ուրիշներին կառավարել փորձելը

Երբ ջանում եք կառավարել մեկին, ենթադրում եք, որ նա պետք է գործի, մտածի, զգա և վարվի ձեզ նման: Խնդիրն այն է, որ ուրիշներին դուր չի գալիս, երբ զգում են, որ ինչ-որ մեկն ուզում է իրեն կառավարել, անշուշտ, դա ձեզ էլ դուր չի գա: Կառավարելու ձեր ցանկությունն ազդակ է դիմացինի համար, որ չեք ընդունում նրան այնպիսին, ինչպիսին նա կա և չեք ընդունում նրա որոշումները: Չնայած, որ դուք կարող եք ազդել մեկի վրա այնպես, որ նրա մտածողությունը որոշ ժամանակ փոխվի, սակայն չեք կարող նրան ամբողջապես փոխել: Դա անօգուտ զբաղմունք է:

Կառավարող արտահայտություններ

Ստորև բերված են ուրիշներին կառավարել փորձելու նմուշ իրավիճակներ: Նշում արեք այն նմուշի կողքին, որը ձեզ է բնորոշ:

1.Ես զայրացած ձայնս բարձրացրի, որպեսզի լսելի լինեմ:

2.Երբ ուրիշներն ինչ-որ կարծիք են հայտնում, որն ինձ դուր չի գալիս, ես արժեզրկում եմ դրանք և սխալ համարում:

3.Երբ մեկն իր կարծիքն է կիսում ինձ հետ, ես ձևացնում եմ, թե լսում եմ, բայց իրականում մտածում եմ իմ պատասխանի ձևակերպման վրա այնպես, որ կարողանամ համոզել նրան մտածել իմ ձևով:

4.Ես հաճախ եմ խորհուրդներ և լուծումներ առաջարկում, չնայած ոչ ոք չի ձգտում իմ կարծիքն ընդունել:

5. Ես հաճախ եմ կշտամբում մարդկանց, ովքեր չեն ցանկանում իմ ձևով մտածել:

6.Ես հաճախ եմ իմ կարծիքը փաթաթում ուրիշների վրա, չնայած նրանք չեն հետաքրքրվում դրանով:

7.Ես հաճախ եմ օգտագործում հետևյալ արտահայտությունները. «Դու պետք է», «Դու պարտավոր ես», «Դու երբեք»:

8.Երբ փորձում եմ քննարկել հարցեր մյուսների հետ, ավարտվում է նրանով, որ ընդհատում եմ նրանց և ասում, թե ինչ եմ մտածում՝ զրկելով նրանց իրենց ասելիքը տեղ հասցնելու հնարավորությունից:

9.Երբ մեկից նեղանում եմ, ես ձգձգում եմ և որևէ քայլ չեմ անում իրադրությունը պարզելու ուղղությամբ, որը նույնն է, ինչ հարցի լուծումից երես դարձնելը:

10.Երբ ցանկանում եմ մենակ մնալ, օգտագործում եմ կոշտ ու անզիջում արտահայտություններ:

11. Ես ցուցաբերում եմ «լուռ վերաբերմունք», երբ ցանկանում եմ վերահսկել իրադրությունը:

12.Երբեմն համաձայնում եմ նրանց հետ պարզապես նրանց հանգստացնելու համար:

Սեփական հուզականզ ռեակցիաները կառավարելու փորձեր

Ցավոտ հույզերից խուսափելը հարցի լուծում չէ: Երբ տհաճ հույզերը հայտնվում են, իսկ դուք ճնշում եք դրանք կամ հեռացնում ձեզնից, մտածեք, թե ինչ եք շահում. ավելի տհաճ զգացողություններ: Երբ մարդ ցանկանում է հեռացնել իրեն ցավ պատճառող հույզերը, դրանով կրկնապատկում է իր տառապանքները:

Ստորև բերված մտքերը կարդալիս ստուգեք՝ որո՞նք են ձեզ համապատասխանում:

1.Երբ տհաճ հույզեր եմ ունենում, ցանկանում եմ անմիջապես ազատվել դրանից:

2.Իմ խնդիրները չեմ կիսում ուրիշների հետ:

3.Չեմ արտահայտում կարիքներս ու պահանջմունքներս ուրիշների մոտ:

4. Խուսափում եմ առերեսումներից և վիճաբանական թեմաներից:

5.Նախընտրում եմ ազատվել նյարդայնացնող մտքերից, քան դրանց պատճառը փնտրել կամ հասկանալ:

6.Երբ խնդիրներ են առաջանում, ավելի շուտ ինքս ինձ համար փակում եմ թեման, քան լուծում տալիս:

7.Հաճախ անվստահ եմ իմ և որոշումներիս նկատմամբ:

8.Ձևացնում եմ, թե ամեն ինչ կարգին է, և թաքցնում զայրույթս:

9.Չեմ արտահայտում զգացմունքներս այնքան ժամանակ, մինչև չհամոզվեմ, որ դրանց բարձրաձայնելն ինձ կօգնի:

10.Բավական էներգիա եմ ծախսում՝ փորձելով ցույց տալ, որ ամեն ինչ լավ է:

11.Զգացմունքներս ճնշելու համար հաճախ թմրադեղ եմ օգտագործում կամ գնում զվարճանքի վայրեր:

12.Ուրիշների պահանջմունքներն ինձ համար դարձնում եմ առաջնահերթ՝ անտեսելով իմը:

Ամփոփելով նշենք, որ հույզերը հաղթահարելու համար լավագույն միջոցը դրանք ընդունելն ու դրանց լուծում տալն է: Հուզական ցավերը հանելու լավագույն միջոցը արդեն ծանոթ հնարքներն ու միջոցները (մտքերը գրի առնելու մեթոդները կամ ձեզ հարազատ մարդկանց հետ մտքերով կիսվելը) գործնականորեն կիրառելն է:

Որո՞նք են ձեր ազդեցության ոլորտները

Մտածեք ընթացիկ կամ բնորոշ այնպիսի իրավիճակի մասին, որը ձեզ համար սթրեսային է:

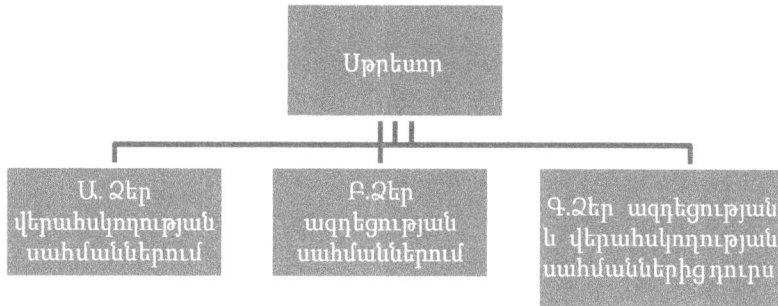

Սթրեսոր
Ա. Ձեր վերահսկողության սահմաններում
Բ.Ձեր ազդեցության սահմաններում
Գ.Ձեր ազդեցության և վերահսկողության սահմաններից դուրս

Կատեգորիա Գ. ձեր վերահսկողության սահմաններից դուրս

Էներգիան ուղղելով դեպի «Գ» կատեգորիան՝ դուք կկորցնեք իշխանությունը, կքայքայեք նյարդերը և սաստիկ կվրդովվեք:

«Գ» կատեգորիայի օրինակներ են եղանակը, երթևեկությունը, կրճատված աշխատավարձերը, ծերացումը և օրենքները:

Կատեգորիա Բ. Ձեր ազդեցության սահմաններում

Էներգիան ուղղելով դեպի «Բ» կատեգորիա՝ դուք ձեռք կբերեք հստակություն և գիտելիք:

«Բ» կատեգորիայի օրինակներ են բարեկամությունը, առողջությունը կամ կարիերայում առաջխաղացումը:

Կատեգորիա Ա. Ձեր վերահսկողության սահմաններում

Էներգիան ուղղելով դեպի «Ա» կատեգորիա՝ դուք կունենաք հզորության, ինքնագնահատման զգացում, զանազանելու և հուզական ունակություն:

«Ա» կատեգորիան ներառում է որոշում կայացնելը, համոզմունքները (կրոնական համոզմունքները, քաղաքական տեսակետները), հագնվելու ձևը, որտեղ ենք ապրում, ում հետ ենք ամուսնանում, ինչ աշխատանք ենք անում և ինչպես ենք փող ծախսում:

Վարժություն. Գրանցեք ձեր սթրեսի խթանիչները հետևյալ աղյուսակում: Խթանիչներն այն ամենն է, ինչը կարող է սթրես առաջացնել, ներառյալ դրական երևույթները, ինչպիսիք են՝ հարսանիքի պլանավորումը և այլն:

Հույզերը հասկանալու ունակություն

1.	9.
2.	10.
3.	11.
4.	12.
5.	13.
6.	14.
7.	15.
8.	16.

Հաջորդիվ. Տեղադրեք սթրեսի խթանիչը համապատասխան կատեգորիայում:

Կատեգորիա Գ. ձեր վերահսկողության սահմաններից դուրս

Կատեգորիա Բ. Ձեր ազդեցության սահմաններում

Կատեգորիա Ա. Ձեր վերահսկողության սահմաններում

ՄԵՂԱԴՐԱՆՔ ԵՎ ՊԻՏԱԿԱՎՈՐՈՒՄ

Ուրիշներին մեղադրելը բնական է, բայց միշտ չէ, որ օգնում է: Շատ հաճախ դիմացինին վերաբերվում ենք մեծամտորեն և ինքնագոհ ձևով:

Ուրիշներին մեղադրելն ունի իր լավ և վատ կողմերը:

Մեղադրելու լավ կողմերը – Այն օգնում է մեզ պարզել, թե ինչ տիպի մարդկանց հետ ենք ցանկանում շփվել և որքանով ենք նրանց վստահում: Եթե որևէ մեկին մեղադրում ենք որևէ բանում, նշանակում է, որ մենք նրա հետ մեզ հանգիստ չենք զգում:

Աշխարհը լի է դատավորներով: Մեզ գնահատում են մեր վճարունակ լինելու վարկանիշով, աշխատանքային կենսագրությամբ, կրթությամբ և դիրքով:

Մեղադրելու վատ կողմերը –Մեղադրված լինելը բացասական մտքեր է առաջացնում մարդու մեջ, նա նաև վախենում է, որ կարող է ինչ-որ բանում մեղադրվել: Այդ իսկ պատճառով նա խուսափում է խնդրի շուրջ խոսելուց: Բացի այդ՝ մեղադրողի դերում լինելը բնորոշում է ձեզ որպես ցածր ինտելեկտի, անմակարդակ անձնավորության: Օրինակ, երբ մեկին «հիմար» եք անվանում, ցածրացնում եք ձեր արժեքը, հասարակական դիրքը (նկատենք, որ տեղեկացված մարդը իրեն երբեք թույլ չի տա դիմացինին ցածրացնել): Ուրիշին մեղադրելը ամեն դեպքում վնաս է, քանի որ դրանով մենք սահմանափակում ենք մեր մասին լավ կարծիք ստեղծելու հնարավորությունները:

Որտեղի՞ց է այն սկսվում:

Ինչպե՞ս է մեղադրելու գաղափարը կազմավորվում մեր մտքում: Մանկության և պատանեկության տարիներին հաճախ ենք լսում քննադատական, մեղադրական խոսքեր:

Ավագ դպրոցում ծաղրական խոսքերն ու ֆիզիկական հաշվեհարդարը վախ են ներշնչում մյուս երեխաներին: Այս վարքագիծը կարմատանա նրանց մոտ, եթե շարունակեն իրենց այդպես պահել նաև չափահաս տարիքում: Սրանք կարծրատիպեր են, որոնք ձևավորվում են շատ վաղ հասակում և ուղեկցում են ամբողջ կյանքի ընթացքում: Հաճախ մենք ինքներս ենք մեզ դնում այնպիսի իրավիճակի մեջ, որն ամրացնում է անառողջ համոզմունքները:

Կարևոր է ուշադրություն դարձնել այն զգացողությունների վրա, որոնք առաջանում են, երբ մեկին մեղադրելու կարիք ենք զգում: Երբ նկատում ենք ուրիշին այնպիսի վարքագիծ դրսևորելիս, որը դեմ է մեր համոզմունքներին, դա մեզ այնքան էլ դուր չի գալիս: Վերցնենք հետևյալ օրինակը. Մերին և Մայքը պայմանավորվել են հանդիպել երեկոյան ժամը 7-ին, բայց Մերին ուշանում է 30 րոպե: Մայքը շտապում է Մերիին որակել որպես անպատասխանատու և անհարգալից անձնավորության: Ի՞նչ եք կարծում, արդյո՞ք ճիշտ է, որ Մայքը Մերիին համարում է անպատասխանատու: Ուրիշ ի՞նչ ավելի արդյունավետ ու ոչ «բացասական ուղղվածությամբ» մոտեցումներ կարելի է գտնել տվյալ իրավիճակում:

Օրվա մեջ եթե գոնե մեկ անգամ ժամանակ տրամադրեք այս հարաբերությունների մասին մտածելուն, տարբերությունը բավական մեծ կլինի:

Հետևյալ վարժությունը կօգնի պարզել, թե ինչն է ձեզ համար տհաճ տվյալ անձնավորության մեջ, որ ցանկանում եք նրան մեղադրել կամ պիտակավորել: Հիշե՛ք՝ երբ մեկին պիտակում ենք, դրանով մենք նրան նվաստացնում ենք: Կենտրոնացեք ձեր վարքագծի վրա, և մի՛ փորձեք իշխանության հասնել: Որևէ մեկի հանդեպ իշխանություն ունենալու ձգտումը առաջանում է իշխանություն չունենալու վախից:

Վարժություն. Դանդաղորեն կրկնեք հետևյալ բառերը և որոշեք, թե ինչ եք զգում ամեն բառը կրկնելիս: Գրեք ձեր զգացողությունը տվյալ բառի կողքին: Օրինակ, «Խենթ»-բարկություն

1.Հիմար--

2.Խաբեբա---

3.Խոզ---

4.Չար---

5.Գիժ---

6.Սանձարձակ---

7.Ծույլ---

Փոխարինեք այս բառերը համակրանք արտահայտող, ոչ վիրավորական բառերով: Օրինակ, «Խենթ»-Ես վիրավորված եմ, որովհետև նա մեկ օրվա մեջ երեք անգամ ինձ այդ բառով վիրավորեց:

1.Հիմար--

2.Խաբեբա---

3.Խոզ---

4.Չար---

5. Գիժ ---

6.Սանձարձակ---

7.Ծույլ---

<u>Ի՞նչ է ընկած Պիտակավորման, Դասակարգման, և Ընդհանրացման հիմքում</u>

Այս վարժության մեջ փորձեք որոշել, թե ինչու է տվյալ անձնավորությունը պիտակավորում կամ վատ խոսքեր ասում: Օրինակ, «Խենթ»-Մարդուն խենթ անվանելով, ես այլևս չեմ տանջվում իմ մեջ առաջացած հույզերից: Դա նրա խնդիրն է, ոչ թե իմ:

1.Հիմար--

2.Խաբեբա---

3.Խոզ--

4.Չաղ--

----

5. Գիժ --

6.Սանձարձակ--

7.Ծույլ---

Որևէ մեկին պիտակելուց առաջ ճիշտ կլինի, որ հարցը հանգիստ ձևով պարզաբանեք և բացատրեք: Այդպես դուք հոգեպես ավելի հանգիստ և խաղաղ կզգաք:

Հաջորդ մի քանի օրերի ընթացքում փորձեք պարզել, թե որքան հաճախ եք մեղադրանք պարունակող մտքեր ունենում:

- ✓ Միշտ մտածեք այդ մասին ու փորձեք հեռացնել դրանք ձեզնից, և երբ պատրաստ լինեք, փորձեք դիմացինին վերաբերվել կարեկցանքով և ըմբռնումով՝ պատկերացնելով ձեզ նրա տեղում:
- ✓ Մի՛ մոռացեք կարեկցանք ու ըմբռնում ցուցաբերել նաև ինքներդ ձեր հանդեպ: Արդյունքը շատ ավելի լավը կլինի, եթե օգտվեք առաջարկվող մեթոդներից:
- ✓ Փորձե՛ք պատկերացնել ավելի դրական իրավիճակներ, որոնք մարդկանց կմղեն դրական վարվելակերպի:
- ✓ Հաջորդ քայլն այն է, որ մարդուն ընդունեք այնպես, ինչպես նա կա՝ առանց փորձելու նրան փոխել: Աշխարհն այն է, ինչ կա, և մենք պետք է սովորենք ընդունել այն: Այլապես մեր հետագա կյանքը չափազանց նյարդային կլինի:

«ԱՐՀԱՄԱՐՀԱՆՔ» ԲԱՌԻ ՍԽԱԼ ԸՄԲՌՆՈՒՄԸ

Զայրույթի կառավարման ծրագրերում հաճախ են հնչում «հարգանք» և «արհամարհանք» բառերը: Այցելուները հաճախ օգտագործում են «արհամարհանք» բառը ուրիշների վերաբերմունքը նկարագրելու համար: Հիմա ուսումնասիրենք և տեսնենք, թե իրականում ի՞նչ է նշանակում արհամարհված լինելը:

Նախ ասենք, որ կարևոր է իմանալ «հարգանք» բառի բացատրությունը: Համաձայն Մերրիամ-Վեբստերի՝ «հարգանք» նշանակում է բարձր կամ հատուկ ուշադրություն: Համաձայն www. dictionary.com-ի՝ «հարգանք» բառը բացատրվում է այսպես. ուշադրություն ուրիշի իրավունքներին, արտոնություն, լավ ընդունելություն կամ քաղաքավարություն և ճանաչում: Այսպիսով, երբ մարդն ասում է, որ ինքն իրեն արհամարհված է զգում, հավանաբար անուշադրություն և անտարբերություն է զգում իր հանդեպ:

Չնայած որ «հարգանք» բառն ունի իր կոնկրետ բառարանային բացատրությունը, այն կարող է ունենալ նաև այլ մեկնաբանություններ տարբեր անձնավորությունների համար: Հետևաբար, երբ Ա անձնավորությունը հստակ գիտի, թե Բ անձնավորությունն իրեն ինչպես պետք է պահի կոնկրետ իրադրությունում, իսկ Բ անձնավորությունը պահում է իրեն ոչ այնպես, ինչպես ակնկալում էր Ա անձնավորությունը, ապա Ա անձնավորությունը մտածում է, որ Բ անձնավորությունը իրեն արհամարհում է:

Եկեք դիտարկենք Թոնիի օրինակը այն կոնկրետ իրավիճակում, երբ ինքն իրեն արհամարհված էր զգում:

Իրավիճակ: Երբ իմ զուգընկերուհին և ես միասին որևէ հավաքույթի ենք մասնակցում, նա ինձ հետ ավելի քիչ է շփվում, քան իր ընկերների:

Համոզմունք: Զուգընկերը միշտ պետք է լինի իր համար կարևոր համարվող անձի կողքին բոլոր հավաքույթների ժամանակ, այլապես դա հեռու կլինի լավ հարաբերություն ասվածից: Եվ հետո, ընկերներս կարող են հարցնել՝ արդյոք իմ զուգընկերուհին հավատարի՞մ է ինձ, իսկ ես հիմար վիճակում կհայտնվեմ:

Ուսումնասիրենք և հասկանանք, թե ինչ է ընկած համոզմունքի և արհամարհված զգալու հիմքում:

Այս համոզմունքի նպատակն է օգնել ինքս ինձ բարոյապես ապահով զգալ զուգընկերուհուս հետ:

Ինձ արհամարհված եմ զգում, երբ նույնիսկ մի կարճ ժամանակով նա հեռանում է կողքիցս: Ես սկսում եմ մտածել. «Նա իր ընկերներին գերադասում է ինձնից», ուստի ինձ արհամարհված և վիրավորված եմ զգում: Այս զգացումը զլուխ է բարձրացնում իմ մեջ և սկսում է գործել պաշտպանական մեխանիզմը: Այդ վիճակը հուզական ցավի հետ կապելու և ինքս ինձ մեղադրելու փոխարեն, սկսում եմ մեղադրել զուգընկերուհուս ինձ «արհամարհելու» մեջ:

Նկատենք, թե ինչպես է Թոնին իր հուզական ցավի պատճառը համարում իր զուգընկերուհուն: Ընկերուհուն համարելով իր այդ վիճակի պատասխանատուն՝ նա ակնկալում է, որ վերջինս պետք է փոխի իր վերաբերմունքը (որը նա պիտակում է որպես արհամարհանք), ոչ թե ինքը՝ իր սեփական համոզմունքները: Որոշելով, որ «Նա արհամարհում է ինձ», Թոնին իրեն զոհ է համարում, որով հնարավորություն է տալիս զուգընկերուհուն իշխել իր զգացմունքների վրա:

Սեփական ցավի համար պատասխանատվություն կրելը

Ճշմարտությունն այն է, որ երբ մեր հուզական ցավի համար մեղադրում ենք ուրիշներին, մենք ակնկալում ենք, որ նրանք պետք է փոխվեն: Այդպես անելով՝ մենք մեզնից հեռացնում ենք մեր ուժը: Ուրեմն էլ ինչու՞ ենք այդպես վարվում: Ավելի հեշտ է ուրիշին խնդրել փոխվել, քան չարչարվել ու փոխվել ինքներս: Եթե փոխենք մեր մտքերն ու համոզմունքները, մենք կկարողանանք փոխել նաև մեր հույզերը:

Գործնական աշխատանք

Այս պահին կարող եք մտածել. «Զուգընկերոջս ո՞ր արարքից եմ սկսում ինձ անհանգիստ զգալ»: Դա մեծ հարց է և հաճախ է տրվում: Դուք ձեզ համար պետք է գծեք մտերմության այն սահմանները, որի դեպքում ձեզ հանգիստ եք զգում: Միաժամանակ, որպեսզի պարզաբանեք այն չափանիշերը, որոնցով գնահատում եք ուրիշների արարքները, կարող եք հարցնել ինքներդ ձեզ. «Այս համոզմունքն ինձ օգնո՞ւմ է, թե՞ վնասում»: Կամ, եթե ձեր ընկերներն արդեն ունեն առողջ հարաբերություններ, հարցրեք նրանց՝ ինչպես են նրանք վարվում նման իրավիճակում:

Հիմա եկեք կրկնենք հետևյալ օրինակի հարցերն ու պատասխանները, որպեսզի ավելի լավ հասկանանք՝ ինչն է ընկած արհամարհանքի հիմքում:

1.Նկարագրեք այն իրավիճակները, երբ ձեզ արհամարհված եք զգացել: Երբ ես ու ընկերուհիս հավաքույթում էինք, նա ամբողջ ժամանակը անց էր կացնում իր ընկերների հետ, ոչ թե ինձ հետ: Նա ինձ արհամարհում էր:

2. Որո՞նք են այն համոզմունքները, որոնք ձեզ ստիպում են արհամարհված զգալ տվյալ իրավիճակում: Զուգընկերները պետք է միշտ միասին լինեն, երբ որևէ հավաքույթում են, այլապես դրանք նորմալ հարաբերություններ չեն լինի: Ընկերներս կարող են ինձ հարցնել արդյո՞ք իմ ընկերուհին հավատարիմ է ինձ, իսկ ես հիմար վիճակում կհայտնվեմ:

3.Ի՞նչ եք մտածում այս իրավիճակի մասին:

ա) Նա լավ գիտի, որ ես նյարդայնանում եմ, երբ հավաքույթի ժամանակ կողքիս չէ, այնուամենայնիվ շարունակում է այդպես վարվել:

բ) Նա ավելի գերադասում է լինել իր ընկերների հետ, քան ինձ հետ:

գ) Ես ցանկանում եմ լինել մեկի հետ, ով ինձ գնահատում ու հարգում է:

4. Ու՞մ եք մեղավոր համարում ձեր այդ զգացումների համար: Նրան:

5. Ի՞նչ է ընկած այդ զգացման հիմքում: (Ուշադրություն, մի՛ թվարկեք զգացումները տաք գլխով): Ես ինձ անապահով եմ զգում, կարծես ուրիշները նրան ներքնազգեստով են տեսնում: Ես վիրավորվում եմ նաև այն բանից, որ նա չի մտածում իմ մասին:

6. Ինչպե՞ս կարող են ձեր ընկերները կամ ընտանիքի անդամները բացատրել այդ իրավիճակը: Նրանք ավելի լավ կարող են հարցերը լուծել, քան ես: Ես չեմ լսել, որ նրանցից որևէ մեկը դժգոհի այն իրավիճակներից, որոնք ինձ նյարդայնացնում են: Բայց գուցե նրանք պարզապես չեն բարձրաձայնում այդ մասին ինչպես ես: Գուցե նրանց համար բնական է, որ իրեց ընկերուհին հավաքույթի ժամանակ ավելի շատ շփվում է իր ընկերների հետ, քան իրենց: Միասնական հավաքույթների նպատակը ընկերների և ընտանիքների հետ շփվելն է:

7.Եթե դադարեք կասկածել ու ավելի վստահող լինեք, ուրիշ ինչպե՞ս կարող եք մեկնաբանել այս իրավիճակը: Նա ասում է, որ մտածում է իմ մասին: Մենք արդեն երկար տարիներ միասին ենք: Նա հազվադեպ է հանդիպում ընկերների հետ և ժամանակի մեծ մասն անցկացնում է ինձ հետ, երբ տանն ենք: Նա այդքան էլ չի արհամարհում ինձ հավաքույթների ժամանակ:

Գործնական աշխատանք

Նկարագրեք այն իրավիճակը, երբ արհամարհված եք զգացել:-------------------------------------
----

Որո՞նք են այն համոզմունքները, որոնք ստիպում են ձեզ արհամարհված զգալ այդ իրավիճակում:---
----

Ո՞վ եք մեղավոր համարում ձեր այդ զգացումների համար:---

Ի՞նչ է ընկած այդ զգացման հիմքում:---

Ինչպե՞ս կարող են ձեր ընկերներն ու ընտանիքը մեկնաբանել այդ իրավիճակը:-----------------
----

Եթե դադարեք կասկածել և ավելի վստահող լինեք, ուրիշ ինչպե՞ս կարող եք մեկնաբանել այս իրավիճակը:--
----

Երբ հաջորդ անգամ արհամարհված զգաք, փորձեք լրացնել այս թերթիկը՝ պատասխանելով ձեր զգացումների և համոզմունքների մասին հարցերին: Ժամանակի ընթացքում դուք կզգաք, որ փոխվել են ձեր համոզմունքները «արհամարհված» լինելու մասին:

ԽԱՆԴ

Մարդկանց մեծամասնությունն անհարմար է զգում՝ ընդունելով, որ խանդի զգացում ունի: Հավանաբար նրանք վախենում են, որ մյուսները իրենց կդիտեն որպես անպաշտպան կամ ոչ բավարար գրավիչ լինելու գաղափարից իրեն «ոչ լավ» զգացող անձնավորություն: Հաճախ, խանդը համարվում է մեկին հսկելու փորձ:

Վիկիպեդիան **խանդ** բառը մեկնաբանում է որպես երկրորդական հույզ, որը, որպես կանոն, առաջացնում է բացասական մտքեր, անապահովության զգացում, վախ և ինչ-որ մի բան (հարաբերություն) կամ ինչ-որ մեկին (անձնավորությանը, ում հետ լավ հարաբերությունների մեջ է) կորցնելու անհանգստություն: Խանդը կազմում է հույզերի ծիածան՝ զայրույթ, տխրություն, վրդովմունք և ատելություն: Սրանք բոլորն էլ տարբերվում են **նախանձ**ից: Նախանձը նշանակում է ցանկանալ այն, ինչ ուրիշն ունի, իսկ խանդը՝ ունեցածդ կորցնելու վախ:

Բոլոր հույզերի հետ խանդն ինչ-որ տեղ գոյություն ունի: Այն ծառայում է ինչ-որ նպատակի և կարող է մարդուն համեստ դարձնել: Այն կարող է հանդիսանալ որևէ գործողություն կատարելու դրդիչ ուժ, կարող է հանդիսանալ բնազդային ազդակ, որ հարաբերություններում ինչ-որ բան այնպես չէ և որ մարդը կարիք ունի քայլեր ձեռնարկելու՝ իրեն հույզերից պաշտպանելու համար: Օրինակ, երբ կասկածում ես, որ զուգընկերդ խաբում է, զգացմունքդ հուշում է քեզ ճակատագրական հարցեր տալ՝ ճշմարտությունն իմանալու համար:

Ինչպե՞ս եք արտահայտվում խանդ զգալիս: Ի՞նչ գործողությունների եք դիմում:

Երբ խանդը գլուխ է բարձրացնում, այն կարող է խնդիրներ առաջացնել հարաբերությունների մեջ: Խանդող մարդն ավելի ու ավելի իշխող է դառնում: Օրինակ, նա կարող է խնդրել իր զուգընկերոջը փոխել իր պլանները: Միայն այն բանի համար, որ դիմացինը խանդում է, չի նշանակում, որ մյուսը պետք է փոփոխություններ անի իր վարքագծում: Անշուշտ, ճիշտ կլինի, որ զուգընկերը շարունակի անել այն, ինչ պլանավորել էր, և թողնի, որ խանդողը աշխատի իր սեփական զայրույթի ու խանդի զգացողության վրա: Երբ մարդը ձեր գործողություններից անհարմարություն է զգում, անպայման աշխատեք հետևել այս խորհուրդներին.

1. Մի՛ վիճեք և մի՛ փորձեք համոզել, որ նրանք սխալ են մտածում: Լսե՛ք նրանց մինչև վերջ:

Հետո նրանց համար կրկնե՛ք այն ամենը, ինչ ասել են՝ սխալված չլինելու համար:

2.Փորձե՛ք հասկացնել, որ այդ քննարկումը նրանց համար դժվար կլինի: Կրկնեք նրանց համար, թե ըստ ձեզ՝ ինչպես կարող է ձեր ծրագիրը օգնել նրանց:

3.Համոզվե՛ք, որ նրանց ճիշտ եք լսել: Կրկնեք ձեզ ուղղված նրանց խնդրանքը և խնդրանքի պատճառը:

4.Մի՛ տվեք որևէ խոստում, եթե չեք գտնում, որ նրանց խնդրանքը պատճառաբանված չէ:

5 .Ասե՛ք, որ ցավում եք, որ ձեր պլանը կարող է սպառնալի լինել նրանց համար: Պարզապես կարեկցե՛ք նրանց:

6.Խանդի զգացում ունեցող անձին հաճախ թվում է, թե կորցնում է հավասարակշիռ վիճակը: Նրանց զգացողություններին ըմբռնումով մոտեցեք:

Շատերը շփոթում են խանդը նախանձի հետ, սակայն ո՞րն է դրանց տարբերությունը:

Խանդ	**Նախանձ**
Կորուստ ունենալու վախ	Թերարժեքության զգացում
Կասկած/ենթադրվող դավաճանություն	Բուռն ցանկություն
Ինքնագնահատման ցածր աստիճան, վախ՝ ենթադրվող կորստի հանդեպ	Վրդովմունք ֆինանսական վիճակից կամ կարիքից
Անորոշություն և միայնություն	Չարակամություն դեպի մարդը, որին նախանձում են (հաճախ ուղեկցվում է հանցանքով):
Անվստահություն	Բարելավվելու պատճառաբանություն
Մյուս անձնավորությանը բռի մեջ պահելու ցանկություն	Գրավիչ հակառակորդի հատկություններին տիրելու ցանկություն
Խանդն արտահայտելը հաջողության հասնելու համար	Ժխտողական վերաբերմունք զգացմունքներին

Իսկ ի՞նչ անել, եթե խանդն անհիմն է:

Խանդը կարող է փչացնել հարաբերությունները, հատկապես ագրեսիայի ձևով արտահայտվելիս: Օրինակ, մեղադրանք: Դիտարկենք մի քանիսը.

Օրինակ 1. «Ես տեսա ձեր սիրախաղը»:

Օրինակ 2. «Դու փողը ծախսում ես անիմաստ բաների վրա»:

Օրինակ 3. Ընդամենը 5 րոպե ուշանալու դեպքում դուք կասկածելի մտքեր եք ունենում և ջանալով հանդարտվել՝ նրա ներս մտնելուն պես հարցնում եք. «Որտե՞ղ էիր»:

Հիմա դիտարկենք մարտավարության մի քանի օրինակ, որոնք կօգնեն ձեզ հաղթահարել խանդի զգացողությունը.

1. Ընդունեք, որ խանդի զգացում ունեք:

2. Ձեր զգացմունքները արտահայտեք «Ես» խոսելաոճով:

3. Խնդրեք այլ պարզ միջոցներ ձեր հուզմունքը մեղմելու համար: Օրինակ, «Ես պարզապես ուզում եմ իմանալ, արդյո՞ք դու դեռ ինձ սիրում ես»:

4.Գրի առեք ձեր մտքերն ու զգացմունքները: Պատասխանեք հետևյալ հարցերին. ա) Ի՞նչ է իրականում կատարվում ինձ հետ: բ) Ես իսկապե՞ս չեմ վստահում-----, կամ արդյո՞ք նրան վերահսկելը իմ գործելակերպն է: գ) Արդյո՞ք անապահովության այս զգացման պատճառն իմ նախկին տրավման է:

5.Հակադրեք ձեր սեփական մտքերն ավելի խելամիտ մտքերի հետ:

6.Խոսեք վստահելի այն ընկերոջ հետ, ով կարողանում է առողջ հարաբերություններ ձևավորել: Օգտվեք նրա մտքերից:

7.Վերանայեք ինքնազրույցի արտահայտությունները, հատկապես նրանք, որոնք ձեզ ոգեշնչող կամ դրական կողմերն են (ինքնագոհունակներ):

Գործնական աշխատանք. Հաջորդ անգամ, երբ կասկածի տակ դնեք որևէ մեկի մտադրությունները կամ մեղադրեք նրան, կանգ առեք և հարցրեք ինքներդ ձեզ՝ ինչի՞ համար է դա և արդյո՞ք ուրիշին մեղադրելը լավագույն մոտեցումն է: Վերանայեք վերը բերված մարտավարության օրինակները, որոնք ձեզ կօգնեն այդ հարցում:

ԱՌՈՂՋ ՀԱՐԱԲԵՐՈՒԹՅՈՒՆՆԵՐԻ ՁԵՎԱՎՈՐՈՒՄ

Ի՞նչ է նշանակում առողջ հարաբերություններ ունենալ: Կան մարդիկ, որոնք կարծում են՝ լավ հարաբերությունները շատ հեշտ են տրվում: Բայց դա հազիվ թե այդպես է: Վեճեր լինում են, բայց դրանք կարող են լինել արդյունավետ և նույնիսկ խորացնել բարեկամությունն ու վստահություն առաջացնել վիճող կողմերի միջև, եթե նրանք ճիշտ ճանապարհ են ընտրում: Այնուամենայնիվ, վիճաբանության ամենաթեժ պահին շատ վիրավորական բաներ են ասվում միմյանց, որն ավելի շուտ քայքայում է, քան՝ օգնում: Փոխադարձ մեղադրանքը, քննադատությունը, միմյանց ստորացնելը վնասում են բարեկամական հարաբերությունները: Մյուս կողմից ցավն արտահայտելը, ցանկություններ և պահանջներ ներկայացնելը կարող են խթանել ավելի առողջ հարաբերություններ՝ ձևավորելով հոգատարություն և ըմբռնում:

Որպեսզի իմանանք՝ ինչպես ստեղծել ավելի բարենպաստ փոխհարաբերություններ, եկեք անդրադառնանք այն համոզմունքներին, որոնք խթանում են աննպատակ վեճերի առաջացումը: Որոշենք նաև, թե ինչն է ընկած այդ վեճերի հիմքում.

1. առողջ հարաբերություններն ընդդեմ վատառողջ հարաբերությունների,

2. ինչն է ընկած վեճերի հիմքում:

Ի՞նչ է համոզմունքը

1.Կոգնիտիվ Բիհեյվիորիստական Հոգեբանության մեջ (Congnitive Behavioral Psychology) համոզմունքները մեր, ուրիշների և աշխարհի մասին ունեցած մեր տեղեկություններն են, որ ստանում ենք ընտանիքից, ընկերներից, աշխատավայրից կամ պարզապես շրջապատից: Մենք համոզմունքներ ենք ձեռք բերում նաև մեր սեփական փորձից, ինչպես նաև մարդկանց հետ շփվելիս:

Օրինակ, Թարայի մայրը հաճախ է նրան ասել. «Բոլոր տղամարդիկ էլ խաբում են»: Արդյունքում, Թարան անհավատարմության մեջ կասկածում էր այն բոլոր տղամարդկանց, ում հետ շփվում էր: Նա անհարկի հարցեր էր տալիս, անգամ եթե կասկածելու որևէ հիմք չկար: Նրա բոլոր հարաբերություններն ի սկզբանե դատապարտված են ձախողման, եթե Թարան շարունակի այդպես վարվել ու չփոխի իր համոզմունքներն այդ հարցում:

Որո՞նք են ուրիշների հանդեպ ունեցած ձեր համոզմունքները, որոնք խթանում են բացասական հարաբերությունների ձևավորումը: Շրջանի մեջ վերցրեք այն անառողջ համոզմունքը, որն ամենաշատն է առաջանում և գտեք Առողջ Տեսակետ (Ա.Տ) յուրաքանչյուր բացասական համոզմունքի համար:

1.Նրանք նախ իրենց մասին են մտածում, հետո՝ իմ (Հոգատարություն):

Ա.Տ. Կարևոր է ուշադրություն դարձնել իմ կարիքների վրա, որպեսզի կարողանամ օգնել ուրիշներին:

2.Նրանց պարտականությունն է անել --------, --------------և ---------------:

ԱՏ. Չնայած մարդիկ կատարում են որոշակի դերեր և պարտականություններ, դրանք կարող են փոխվել ժամանակի ընթացքում: Ես պետք է ավելի ճկուն և հասկացող լինեմ այդպիսի փոփոխությունների համար:

3. Մարդկանց չպետք է վստահել: Յուրաքանչյուր մարդ ունի իր նպատակը:

ԱՏ. Վստահությունը ձևավորվում է ժամանակի ընթացքում: Մարդ կարող է սխալվել, իսկ ես կարող եմ վստահեցնել, որ կարող եմ օգնել՝ լուծելու այս խնդիրը:

4.Նա կարող է լքել ինձ (Անհիմն համոզվածություն):

ԱՏ. Նա երբեք չի ասել, որ լքելու է ինձ: Նա ինձ հետ շատ կարճ ժամանակ մնաց: «Մարդիկ ինձ լքում են» գաղափարն իմ սեփական վախն է, որը ձևավորվել է դաստիարակության ընթացքում:

5.Ավելի լավ է հարաբերությունները պահպանել և չզժտվել հանուն երեխաների: Ես կարող եմ տանել այդ բեռը:

ԱՏ. Այսպիսի լարված հարաբերություններում մնալը կարող է միայն վնասել երեխաներին: Ես պետք է պաշտպանեմ և՛ նրանց, և՛ ինձ՝ ստեղծելով ավելի ապահով միջավայր բոլորիս համար:

6.Ոմանք երբ մեղավոր են զգում, ստիպված են լինում վեճերը լուծելու փորձեր անել, ներողություն խնդրել:

ԱՏ.Հաշտեցման պրոցես սկսելը որքան իմ պատասխանատվությունն է, այնքան էլ իր: Այլապես այդ վեճը երբեք իր լուծումը չի գտնի, իսկ լարվածությունը գնալով կխորանա:

7.Եթե վիճում ենք, ապա հասկանալի է, որ հարաբերություններն այնքան էլ հարթ չեն:

ԱՏ. Բոլոր հարաբերությունների ժամանակ վեճեր լինում են: Հաջողությունը կախված է նրանից, թե տարաձայնություններն ինչպես են լուծվում: Այստեղ պետք է լինի հարգանք, կարծիքների փոխանակություն և իրար լսելու կարողություն:

8. Եթե արդեն կա կոնֆլիկտ և այն դուրս է գալիս հսկողությունից, ավելի լավ է ոչինչ չասել:

ԱՏ. Եթե ամեն ինչ մեջս պահեմ, ապա կնյարդայնանամ և ավելի կլարվեմ: Հարաբերությունների լավացման համար նպատակահարմար կլինի օգտագործել շփման արդյունավետ միջոցներ և քննարկել այն ամենը, ինչ անհանգստացնում է մեզ:

9. Իմ զուգընկերը երբեք ուրիշներին չպետք է նայի:

ԱՏ. Շատ բնական է, երբ տղամարդը նայում է մեկ այլ կնոջ, և հակառակը: Հասկանում եմ, որ հնարավոր է նման պարագայում մի փոքր անապահով զգամ, բայց դա ե՛ս պետք է փոխեմ, ոչ թե ուրիշները:

10. Լավ հարաբերություններն առաջանում են բնականորեն:

ԱՏ. Բոլոր հարաբերությունների կարգավորման համար պետք է աշխատել: Տարաձայնությունները նորմալ են: Մարդիկ տարբեր են, և դա ընդունելի է: Երբեմն որոշ հարաբերություններ ավելի բարդ են, և կարիք կա ավելի շատ աշխատանք տանելու:

Ի՞նչ է ընկած վեճերի հիմքում

Որպեսզի պարզենք, թե իրականում վեճն ինչից է ծագել, պետք է ժամանակ տրամադրել ու մտածել, թե ինչ է կատարվում: Օրինակ, դուք վիճում եք, որովհետև ափսեները ժամանակին լվացված չե՞ն, թե՞ այն պատճառով, որ ցանկանում եք պարզել՝ արդյոք ձեր ասածը նրա համար որևէ արժեք ունի՞: Յուրաքանչյուր անհատ ունի որոշակի կարիքներ: Հարաբերությունների հիմքում ընկած հիմնական կանոններից են.

1.Ես ուզում եմ իմանալ՝ արդյոք դեռ սիրում ես ինձ (Սիրված լինելու կարիք):

2.Ես ուզում եմ իմանալ՝ արդյոք դեռ ցանկանում ես ինձ (Ցանկալի լինելու կարիք և կարիք, որ իրենով հիանան):

3.Ես ուզում են իմանալ, որ այն, ինչ ես ասում եմ, կարևոր է (Ես կարևոր եմ):

4.Ես ուզում եմ իմանալ, որ ինձ կլսեն (Լսված լինելու կարիք):

5.Ես ուզում եմ համոզված լինել, որ դու ինձ չես լքի (Պաշտպանված զգալու կարիք):

6.Ես ուզում եմ իմանալ, որ դու չես պատրաստվում ինձ վնասել (Ապահով զգալու կարիք):

Հիշի՛ր, թե վերջին անգամ վիճելուց վերը թվարկված կարիքներից որն էր վտանգված: Օրինակ, երբ ձեր զուգընկերը հաճախում է որևէ նոր ակումբ, դուք սկսում եք անհանգստանալ, որ օրվա մեծ մասը նա կանցկացնի այնտեղ, հետևաբար դուք կմնաք ուշադրությունից դուրս: Այստեղ վնասվում է ձեր ապահով զգալու կարիքը, քանի որ վախ ունեք, որ նա ձեզ կլքի: Ակումբ հաճախելու համար վիճելու փոխարեն ասեք նրան ձեր անհանգստության պատճառը. «Վախենում եմ, որ դու կմոռանաս ինձ ու կնվիրվես այդ ակումբին: Ասա՛, որ դեռ ցանկանում ես ինձ հետ մնալ»:

Գործնական աշխատանք. (1) Գրի առեք ձեր բոլոր անառողջ համոզմունքները և դիմացը գրեք ավելի առողջ տեսակետ (ԱՏ): (2) Հաջորդ անգամ, երբ վիճեք, մտածեք, թե ինչի համար եք վիճում ու բարձրաձայնեք ձեր վախն ու պահանջմունքները:

ԿԱԽՎԱԾՈՒԹՅԱՆ ԸՄԲՌՆՈՒՄԸ

Կախվածությունը երկու հիվանդագին մարդկանց հարաբերությունն է, որը ժամանակի ընթացքում ավելի է խճճվում և դառնում անհնար: Կախվածության հակում ունեցող անձը դժվարանում է ինքնուրույն կարգավորել իր առջև ծառացած խնդիրները, ուստի ապավինում է մեկ այլ անձնավորությանը, որպեսզի օգնի իրեն՝ իր փոխարեն մեղմելու հուզական ցավերը: Բայց երբ հասկանում են, որ այդ անձը չի կարողանում ժամանակ տրամադրել իրենց, մտածում են. «Չկա մեկը, որ իսկապես մտածի իմ մասին»: Այդ մտքից նրանք հուսալքվում են: Ամեն անգամ, երբ մենք հարմարվում ենք դիմացինի հիվանդագին վարվելակերպի հետ, մենք ինքներս ենք վարվում նույն կերպ: Ես մտածում եմ. « Ինձ հիշում են, երբ իմ կարիքն են զգում»:

Չնայած կախվածություն ունեցող մարդիկ կարող են լինել առատաձեռն, խոհուն և օգտակար, նրանք մեծ ցանկություն ունեն ղեկավարելու և օգտագործելու շրջապատի մարդկանց: Նրանք իրենք կարող են կախվածություն ունենալ այն մարդուց, ով կախյալ չէ, մեկից, ով իր հերթին կարող է կախյալ լինել այնպիսի սովորություններից, ինչպիսիք են թմրանյութերն ու ալկոհոլը: Արդյունքում, երեխան, որ սովորել էր կատարել խնամատարի և/կամ օժանդակողի դեր, շարունակում է այդպես անել նաև իր հասուն տարիքի հարաբերություններում:

Կախվածությունը սեփական Ես-ի հետ ունեցած լավ հարաբերությունների լիակատար բացակայությունն է: Կախվածություն ունեցող մարդիկ անմիջապես նկատելի են: Նրանք սպասում են՝ տեսնելու, թե ինչ են զգում կամ մտածում մյուսները, որպեսզի որոշեն, թե ինչպես արձագանքել: Նրանք անտեսում են իրենց սեփական հույզերը, քանի որ անջատված են իրենց Ես-ից: Եվ դա վրդովում է նրանց: Նրանց Ես-ի զգացումը լիարժեքորեն ապահովված չէ, ուստի սխալ են արձագանքում իրադրությանը: Հետևաբար իրենց ստորացված են զգում, երբ գիտակցում են, որ չեն կարող ազդել ուրիշների տրամադրության: Նրանք այն թյուր կարծիքն ունեն, թե իրենց վատ զգացումները կցրվեն, եթե կարողանան շահել իրենց համար կարևոր նշանակություն ունեցող մարդկանց համակրանքը: Նրանք կարծում են, թե ուրիշի համակրանքին արժանանալն այն է, ինչ իրենց անհրաժեշտ է երջանիկ լինելու համար:

Եկեք թվարկենք կախվածության հետ առնչություն ունեցող մի քանի վտանգավոր համոզմունքներ:

Վտանգավոր համոզմունքներ կախվածության վերաբերյալ

1.Չեմ կարող թույլ տալ, որ հարաբերությունները խզվեն, քանի որ վախ ունեմ, որ չեմ կարող դիմանալ այդ հարվածին:

2.Ընդունում եմ քո կարծիքներն ու արժեքները՝ մի կողմ դնելով իմը:

3.Քո երջանկությունն ավելի կարևոր է, քան՝ իմը: Եթե դու երջանիկ ես, ուրեմն ես էլ եմ երջանիկ:

4.Ինձ լավ եմ զգում, երբ գիտեմ, որ շրջապատի մարդիկ ինձ սիրում ու հավանում են:

5.Ես ավելի շուտ ենթադրություններ եմ անում, քան ստուգում իրադրության այսպես կամ այնպես լինելը:

6.Մի կողմ եմ դնում իմ հետաքրքրություններն ու սովորույթները՝ քեզ ավելի մոտ լինելու սպասումով:

7.Հակառակվելու վախը ստիպում է մտածել՝ արդյոք շատ բարձր չեմ խոսում:

8.Եթե ասեմ «Ոչ», դու կարող ես այլևս ինձ չսիրել և հեռացնել քեզնից:

9.Եթե քո կողքին լինեմ և բարեհաճ գտնվեմ քո հանդեպ, ապա դու էլ փոխադարձաբար նույնը կանես:

10.Իմ մասին հոգ տանելը զուգընկերոջս գործն է, իսկ նրա մասին հոգ տանելը՝ իմ:

11.Ես անտեսում եմ սեփական պահանջմունքներնս ու ցանկություններս, որովհետև կենտրոնանում եմ ուրիշների մասին հոգ տանելու վրա:

12. Դու ինձ սիրում ես, բայց, եթե ես փորձեմ քեզնից որևէ բան խնդրել, ապա դու կփոխսք քո վերաբերմունքը:

13.Մենք միմյանց արտացոլումն ենք, և ուրեմն կարիք ունենք հարմարվելու միմյանց պահանջներին՝ ընդհուպ մինչև մեր արտաքին տեսքը:

14.Իմ վարքագծով ես քեզ հասկացնում եմ, թե ինչ եմ ցանկանում ասել:

15.Ես քեզ եմ համարում իմ հույզերի պատասխանատուն. « Դու ինձ բարկացրիր»:

16.Ես աշխատում եմ քեզ պաշտպանել ու գոհացնել, որպեսզի դու էլ իմ հանդեպ վարվես նմանապես:

ՍՏԱՑԱԾ ՈՒՂԵՐՁՆԵՐ

Ամենօրյա շփումներից մարդիկ կարողանում են համոզմունքներ ձևավորել այն մասին, թե որ վարքագիծն է ճիշտ տվյալ պահին և որը՝ ոչ:

Ուղերձները նպատակին հասնում են տարբեր ձևերով, ընդհուպ մինչև մասնակցելով կամ ականատես լինելով իրադրությանը: Մենք համոզմունքները ձևավորվում են ընտանիքի անդամներից և ընկերներից լսած մեկնաբանությունների միջոցով: Հենց այս ուղերձներից են մարդիկ հասկանում՝ ինչը պետք է անել, ինչը՝ ոչ:

Ահա կախվածություն ունեցող ընտանիքների շրջանակներում տարածում գտած ուղերձներից մի քանիսը.

1.**Եսասիրություն է ինքդ քո մասին հոգ տանելը**: Ձեզ սովորեցրել են նախ մտածել ուրիշների, հետո միայն ձեր անձի մասին, այն, որ նրանց կարիքներն ավելի կարևոր են, քան ձերը: Հետևաբար, ձեզ վիրավորված եք զգում, քանի որ դուք անտեսում եք ձեր կարիքները՝ հոգալով ուրիշինը:

2.**Մի՛ հակադրվիր և մի՛ ճոճիր նավակը:** Դու սովորել ես, որ եթե մի բան քեզ անզստացնում է, ապա ինքդ պետք է դրան լուծում տաս: Մի՛ համարձակվիր խնդիրները բարձրաձայնել, դա կարող է խաթարել ընտանիքի անդորրը, և նրանք չեն կարողանա դրանք լուծել: Արդյունքում, դու սովորում ես, որ վիճաբանությունը սարսափելի է, վտանգավոր, ու լռում ես:

3.**Փոփոխությունը սարսափելի** է: Կախվածությամբ ընտանիքների անդամներն անում են ամեն ինչ, որ զերծ մնան որևէ փոփոխություն կատարելու փորձությունից: Արդյունքում նրանք նույնիսկ ուրիշների մոտ կատարվող փոփոխությունից են անհարմարություն զգում:

4.**Ոչ ինքնավստահ շփումը ընդունված է**: Կախվածություն ունեցող ընտանիքներում ավելի ընդունված է ցույց տալ հույզերը, քան դրանք արտահայտել: Փոխանակ մայրդ հանգիստ բացատրի, որ դժգոհ է քեզնից, նա սկսում է բղավել և վիրավորել քեզ: Հետևաբար, հարմար միջոցներ չես կարողանում գտնել քեզ ճիշտ արտահայտելու և լսելի դարձնելու համար:

ԻՆՉՊԵ՞Ս ԿԱՐՈՂ ԵՔ ՀԱՍԿԱՆԱԼ՝ ԱՐԴՅՈՔ ԿԱԽՅԱԼ ԵՔ, ԹԵ՝ ՈՉ

1.Եթե վախ ունեք կանգնել ձեր սեփական կարիքները լուծելու խնդրի առաջ:

2.Եթե չեք արտահայտում ձեր մտքերն ու զգացմունքները՝ վախենալով հիասթափեցնել կամ բարկացնել ձեր ընտանիքի անդամներին:

3.Եթե փորձում եք փոխել ուրիշի կարծիքը ձեր հանդեպ, քանի որ կարիք ունեք սիրվելու և ընդունված լինելու:

4.Եթե ուրիշներին շարունակում եք պատասխանատու համարել ձեր զգացմունքների և գործողությունների համար:

5.Եթե ժամանակ եք վատնում ավելի շուտ ուրիշներին գոհացնելու համար, քան ինքներդ ձեզ:

ԱՅՈ՛, ԵՍ ԿԱԽՅԱԼ ԵՄ, Ի՞ՆՉՊԵՍ ԱՆԵՄ

1.Առաջին քայլով պետք է որոշեք ձեր կախյալ լինելու բնորոշ գծերը:

2.Թվարկե՛ք այն բոլոր ուղերձները, որ ստացել եք դաստիարակության ընթացքում:

3.Ընդունե՛ք, որ չեք կարող կառավարել և փոխել ուրիշներին: Սովորե՛ք ընդունել նրանց այնպես, ինչպես նրանք կան և հաղթահարե՛ք անցանկալի հույզերը, որոնք առաջանում են նրանց պատճառով:

4.Առաջնահերթությունը տվե՛ք ձեզ: Որոշակի դարձրե՛ք ձեր ցանկություններն ու կարիքները և սովորե՛ք դրանք արտահայտել:

5.Վերափոխվե՛ք. ընդունեք ձեզ և սովորեք լինել ինքնավստահ:

Հարաբերությունների տեսակները. Ինքնապաշտպանական, Փոխադարձ կախվածություն, Կախվածություն

Երբևէ ձեզ մոտ նկատե՞լ եք նմանատիպ հարաբերություններ տարբեր մարդկանց հետ շփվելիս: Մենք բոլորս ունենք մեր շփման ոճը: Արևմտյան մշակույթը արժևորում է շփման անկախ ոճը: Այստեղ՝ ԱՄՆ-ում, խրախուսելի է ունենալ սեփական որևէ գործ, ընկերներ և սիրած զբաղմունք, որոնք առանձին են ծնողներից ու ընտանիքից: Ասիական և Արևմտյան մշակույթներն արժևորում են կախվածությունը: Ընտանիքի/զուգընկերոջ կարիքները առաջնահերթ են և դրվում են անհատի կարիքներից առաջ: Որո՞նք են ձեր հարաբերությունները ուրիշների հետ՝ ըստ ստորև բերված աղյուսակի (Շրջանաձև բաժանման տարածությունը ցույց է տալիս միմյանց հետ անցկացրած ժամանակը՝ որքան հաճախ եք մտածում միմյանց մասին, և միմյանց վրա ունեցած ազդեցության աստիճանը:

Ինքնապաշտպանական
(չափից շատ սահմաններ)

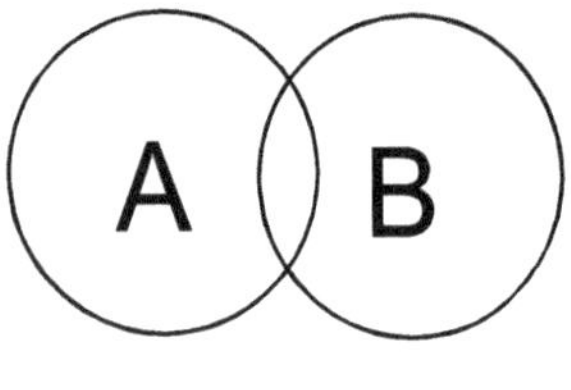

Առավելություններ	Թերություններ
Ի վիճակի է հոգ տանել իր մասին և ուրիշի կարիքը չի զգում	Միայնակ
Նրանք իրենցով անկախ են	Անջատ
Չեն անհանգստանում դավաճանված կամ լքված լինելուց	Տարածություն է ստեղծում հարաբերությունների մեջ
Ունի ավելի քիչ վախ, հուզմունք, ցավ, վիրավորանք	Զգացմունքով առաջնորդվող անվստահություն

Կախվածություն
(չափազանց քիչ սահմաններ)

Համբերատար և սթափ	Փոփոխական
«Իրավիճակում» վստահելի	Անհարգալի
Պահանջված և սիրված	Ամոթի/մեղքի զգացում
Լի հաճելի պահերով	Անապահովություն/ընկերոջ նկատմամբ անվստահություն
	Թմրադեղ/կախվածություն
	Հետապնդում/կառչում

Փոխադարձ կախվածություն ունեցող
(առողջ սահմաններ)

Առողջ	Մշակույթին ոչ համահունչ
Հարգալից հարաբերություններ	Փոխադարձ կախվածություն ունեցողների համար համարվում են ձանձրալի
Վստահելի	Ոչ այնքան համբերատար, որքան փոխադարձ կախումը
Ինքնավստահ	
Հուսալի և հաստատուն	
Վեճերը լավ է լուծում	

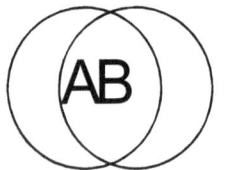

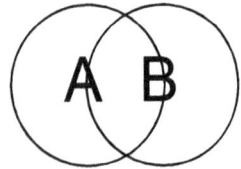

Ինքնապաշտպանականն ընդդեմ Կախվածության ընդդեմ Փոխադարձ կախվածության

ՍԱՀՄԱՆՆԵՐԻ ՃԱՆԱՉՈՒՄԸ

Հաճախ ենք լսում, որ մեկը սահմանները չի ճանաչում, բայց միշտ չէ, որ գիտենք, թե դա ինչ է նշանակում, քանի որ «սահմաններ» տերմինը կարող է օգտագործվել տարբեր իմաստներով:

Նախ, նայենք «սահմաններ» բառի բացատրություններին, հետո հասկանանք նրանց տարբերությունները և վերջապես քննարկենք սահմանների օրինակները տարբեր իրավիճակներում:

«Սահմաններ» բառի բացատրությունը

Ինչպես երկրներն ունեն իրարից բաժանման սահմանները, մարդիկ նույնպես ունեն ֆիզիկական և հոգեբանական միջոցներ՝ միմյանցից առանձնանալու համար: Մենք պարփակված ենք մեր սեփական մաշկի մեջ՝ մեր անձնական տարածքն ապահովելով հարմար միջավայրով, միաժամանակ մշակելով ձևեր՝ աշխարհին հայտնելու՝ որն է «իմը», որը «իմը չէ»: Մեր սահմանները հաստատում են կանոններ, թե մյուսները որքանով կարող են մտնել մեր «տարածք» թե՛ ֆիզիկապես, թե՛ հոգեբանորեն:

Հուզականն սահմաններն առաջացնում են ապահովության զգացում: Առողջ հուզական սահմանները կանխում են մյուսներին մեզ ցավ պատճառելուց կամ անհարմարություններ ստեղծելուց: Լավ սահմաններն արդյունք են այն բանի, թե ինչ ենք մենք սիրում կամ չենք սիրում, ինչ ենք փնտրում կամ ինչից ենք խուսափում, ինչն է մեզ հրապուրում, իսկ ինչը՝ ետ մղում: Որպեսզի ստեղծենք առողջ սահմաններ, պետք կարողանանք ճանաչել ինքներս մեզ. անհրաժեշտ է հստակ պատկերացնել, թե «ով ենք մենք» և «ով չենք մենք»: Որքան լավ ճանաչենք ինքներս մեզ, այդքան ամուր կլինեն մեր սահմանները:

Մանկությունից ձեռք բերված

Սահմանների մասին մենք սովորում ենք մանկությունից՝ մեր ծնողներից, խնամակալներից, ընկերներից, ուսուցիչներից: Սակայն, երբեմն այդ մարդիկ այնպես են ջանում սովորեցնել մեզ պաշտպանվել առողջ սահմաններ գծելով, որ արդյունքում խախտվում են մեր սահմանները, և մենք չենք զարգացնում մեր «ես»-ի զգացումը: Սա բացասաբար է ազդում մարդկանց հետ հետագա շփումների վրա: Ավելի ակնհայտորեն այն ազդում է զույգի ընտրության հարցում: Հավանաբար կհիշեք վաղ տարիքում տեղի ունեցած մի դեպք՝ կապված ընտանիքի անդամի, ընկերոջ, սիրած անձնավորության կամ հարևանի հետ, որոնք ասել են վիրավորական մի բան, բայց երբ հայտնել եք նրանց (եթե այդքան քաջություն եք ունեցել), թե ինչպես է իրենց վերաբերմունքն ազդել ձեզ վրա, նրանք կամ ապշել են, կամ պաշտպանվել: Այսպիսի վերաբերմունքն առաջանալու պատճառներից մեկն այն է, որ մարդը չունի առողջ սահմանների իր պատկերացումը և պարզապես վարվում է այնպես, ինչպես իրեն են վերաբերվել ժամանակին: Մյուսներն էլ կարող են ոտնահարել ձեր սահմանները ալկոհոլի ազդեցության տակ, երբ ուղեղն անընդունակ է մտածելու: Կարևոր է նաև հաշվի առնել մշակույթը, որը մեծ դեր ունի սահմանները գծելու գործում:

Սահմանները գծելու հարցում մենք բոլորս նույն հարթության վրա չենք: Տարբեր հարցերի շուրջ տարբեր մարդիկ ունեն տարբեր մոտեցումներ:

Սահմանների տիպերը

1. **Ֆիզիկական սահմանները** բավարար տարածություն են գծում ձեր և մյուսների միջև՝ ապահովություն զգալու համար: Դա կարող է լինել տարածություն ինչպես ձեր և մեկ անձի, այնպես էլ մի խումբ անձանց միջև: Օրինակ.

ա) Այն տարածությունը, որը մեքենա վարելիս պահում եք ձեր և մյուս փոխադրամիջոցի միջև

բ) Այն տարածությունը, որը պահում եք մյուսներից խանութում հերթ կանգնելիս

գ) Այն տարածությունը, որը պահում եք մեկի հետ նոր ծանոթանալիս

2. Հուզական սահմանները հստակություն են մտցնում անձնական կիրթ ու ներխուժողական փոխհարաբերությունների մեջ: Մենք մեր շուրջ ունենք անտեսանելի ֆիզիոլոգիական պաշտպանական վահանակ, և երբ դիմացինը խախտում է այդ գիծը՝ լինելով անհամեստ, չափից ավելի հետաքրքրասեր, ցանկանում է չափից ավելի կիսվել կամ այնպիսի անձնական հարցեր տալ, ինչպիսիք են սեքսը, քաղաքականությունը, կրոնը կամ փողը, զիասկանում ենք, որ մեր սահմանները խախտվել են: Օրինակ.

ա) Երբ ինչ-որ մեկը, որի հետ ծանոթացել ես վերջերս, զանգահարում է ամեն 10-15 րոպեն մեկ

բ) Երբ զուգընկերդ սիրային կապեր ունի

գ) Երբ ընկերդ հաճախակի զանգահարում է և ձանձրացնում քեզ իր պրոբլեմներով

3.Ինտելեկտուալ սահմաններ. Ես-ի մեր զգացումը իր մեջ ներառում է լավ մտքեր, սովորած նյութի իմացություն, գիտական հաջողություններ, խնդիրներ լուծելու մեր ունակությունը և նույնիսկ մեր սրամտությունը: Երբ մեկը գնահատում է սրանք որպես անարժեք կամ հրաժարվում է լսել մեզ և գնահատել մեր ինտելեկտուալ հնարավորությունները, մենք զայրանում ենք ու արժեզրկվում: Օրինակ.

ա) Երբ մեկը մտածում է քո փոխարեն

բ) Երբ մեկը որոշումներ է կայացնում քո փոխարեն

գ) Երբ մեկն իրեն է վերագրում քո մտքերն ու աշխատանքը

4.Ինտիմ սահմաններ. Մենք սովորել ենք, որ մեր մարմինը մեզ է պատկանում, ոչ թե ուրիշին: Ուստի ինտիմ հարաբերությունների մասին անտեղի խոսակցությունները, անցանկալի հարցեր շոշափելը կամ էլ դրանց մանրամասնությունների մասին հարցապնդումները համարվում են սահմանների խախտում: Ինտիմ սահմանները ներխուժելը ֆիզիկական և հոգեբանական խախտում է և կարող է սարսափելիորեն խոցելի լինել մեզ համար: Օրինակ.

ա) Սեքսուալ ճնշումները

բ) Ճնշում գործադրելով սեքսուալ որևէ ակտ կատարելը

գ) Բռնաբարելը

5.Ֆինանսական սահմաններ. Փողը՝ ուժի խորհրդանիշը, թշվառությունից պաշտպանում է ինչպես մեզ, այնպես էլ մեր սիրելիներին: Ահա թե ինչու, երբ դրամը չարաշահվում է, սխալ է օգտագործվում կամ գողացվում է, մեր և մյուսների պաշտպանությունը վտանգվում է: Օրինակ.

ա) Դրամը, որը հանվել է համատեղ գործածության հաշվից՝ առանց ձեր իմացության

բ) Դրամը, որը պարտքով վերցրել ու չեն վերադարձրել

գ) Չկատարված ֆինանսական խոստումները

ՍԱՀՄԱՆՆԵՐԻ ՀՆԱՐԱՎՈՐ ԽԱԽՏՈՒՄՆԵՐ

Աշխատավայր	• Աշխատակիցների ներկայությամբ օտար լեզվով խոսել • Սուր հոտով կերակուր ուտելը աշխատասեղանի վրա (ձուկ, սխտոր և այլն) • Ժողովի ժամանակ զաղտնի խոսակցություններ վարելը
Ընտանիք	• Առանց թակելու ուրիշի սենյակ մտնելը • Ուրիշի իրերը փորփրելը • Հեռուստաալիքը փոխելը՝ առանց ընտանիքի անդամների կարծիքը հարցնելու
Ընկերներ	• Ընկերոջ հայտնած տեղեկությունը զաղտնի չպահելը • Չափից շատ օգնություն տրամադրելը և չափից շատ պահանջելը • Հայտարարված ժողովին ուշ ներկայանալը
Ծանոթություններ	• Ինքդ քո մասին չափից շատ տեղեկություն հայտնելը • Հայտարարված ժողովներից ուշանալը • Էլ-փոստին և հեռախոսազանգերին չպատասխանելը
Հասարակական վայրեր	• Հեռախոսների օգտագործումը կինոթատրոններում • Թույլ չտալ մեկին երթևեկության մեջ խցկվել • Կեսգիշերին բարձր երաժշտություն միացնելը (տանը և մեքենայում)
Սեփական անձր	• Չափից շատ կամ չափից քիչ ուտելը • Անապահով սեքսով զբաղվելը • Դժվարանալ «ոչ» ասելը

Առողջ սահմաններ

Մենք կառուցում ենք առողջ սահմաններ, որպեսզի մեզ շրջապատողների մեջ մեր ինքնությունը պահպանվի: Դրանց միջոցով մենք այնպիսի կանոններ ենք սահմանում, որպեսզի կառուցենք առողջ հարաբերություններ: Առողջ սահմանները ճկուն են, և նպաստում են կիրթ հարաբերությունների ձևավորմանը, միաժամանակ օգնում անտեսել վնասակարները: Սահմանները կարող են լինել թույլ կամ կառուցողական՝ կախված իրադրությունից: Առողջ սահմաններն օգնում են դուրս գալ կոնֆլիկտային վիճակներից: Լավ սահմաններն օգնում են հասկանալ, արդյոք որևէ մեկը չի՞ ձգտում առավելության մեր հանդեպ:

Պրոբլեմային սահմաններ

Երբ չափից շատ սահմաններ ենք գծում, մարդկանց հեռացնում ենք մեզնից, որը չի նպաստում առողջ հարաբերությունների ձևավորմանը, հետևաբար, դրանք երկար չեն տևում: Չափից շատ սահմաններով պարփակված մարդիկ հակված են ապրել մեկուսացված և մենակ: Նրանք չեն վստահում մարդկանց: Մյուս կողմից, մարդիկ, որոնք չեն հաստատում սահմաններ, հեշտությամբ են վստահում, շատ-շատ են նվիրվում, դժվարանում են խնդրանքին «Ո՛չ» ասել և պահպանում են հարաբերություններն ավելի երկար, քան կցանկանային, նույնիսկ նրանց հետ, ովքեր վտանգավոր են իրենց համար: Երկու ծայրահեղություններն էլ առողջ չեն:

Ամփոփում

Անհրաժեշտ է գծել անձնական առողջ սահմաններ, առանց որի դուք խոցելի եք այն մարդկանց կողմից, որոնք չգիտեն ձեր կարիքներն ու պահանջմունքները: Առողջ սահմաններ գծելու համար պետք է տեղյակ լինեք, թե ինչն է ձեզ համար լավ, ինչը՝ վատ: Երբ արդեն հաստատել եք սահմաններ, ավելի ինքնավստահ կարող եք շփվել այն մարդկանց հետ, ում նախապատվություն եք տալիս: Սա հասուն, առողջ դատողությամբ առաջնորդվող չափահաս լինելու կարևոր պայմաններից է:

Որո՞նք են ձեր սահմանները

	Նշեք յուրաքանչյուր հարցի համապատասխան աստիճանը	0- Երբեք	1- Հազվադեպ	2-Երբեմն	3- Հաճախ
1	Ուրիշներին նվիրվելու արդյունքում դուք ձեզ նեղվա՞ծ եք զգում:				
2	Ունե՞ք այնպիսի զգացում, կարծես մյուսներն ուզում են ձեր կյանքը ղեկավարել:				
3	Ասու՞մ եք «Այո», երբ իրականում ուզում եք ասել «Ոչ»:				
4	Դուք նյարդայնանու՞մ եք, երբ ասում եք «Այո» այն դեպքում, երբ չեք ուզում դա անել:				
5	Դուք ասում եք «Այո», որովհետև չե՞ք ցանկանում հակառակվել:				
6	Դուք ասում եք «Այո», որովհետև վախենում եք, որ մարդիկ ձեզ այլևս չեն սիրի, կհեռանան ձեզնից կամ վատ կարծի՞ք կունենան ձեր մասին:				
7	Փորձու՞մ եք ձեզ շրջապատողներին երջանկացնել				
8	Դուք ձեզ մեղավոր զգու՞մ եք, երբ մեկին «Ոչ» եք ասում:				
9	Դուք կարծու՞մ եք, որ ձեր պահանջմունքներն ու զգացողությունները ոչ մի նշանակություն չունեն:				
10	Դուք կանե՞ք ամեն ինչ մյուսներին չվիրավորելու համար:				
11	Դուք զգու՞մ եք, որ երբեք չեք հասցնում կատարել ձեր ամենօրյա պարտականությունները, կարծես ձեր կյանքը ձերը չլինի:				
12	Դուք զգու՞մ եք, որ ձեր մտերիմներից մեկը փորձում է իշխանություն ունենալ ձեզ վրա:				
13	Դուք ձեզ համարու՞մ եք միակը, ով կարող է օգնել:				
14	Ձեզ համար դժվա՞ր է հուսահատեցնել մյուսներին:				

15	Երբ ձեզ քննադատում են, դուք ավտոմատ կերպով հավատու՞մ եք, որ դա ճիշտ է:					
16	Թույլ տալի՞ս եք ուրիշներին կարծիք հայտնել ձեր վարքագծի մասին:					
17	Դուք շա՞տ եք նվիրվում ընկերական կամ մտերմիկ հարաբերություններին:					
18	Դուք հեշտորե՞ն եք վստահում:					
19	Դուք չափից ավելի՞ եք ներգրավվում մյուսների պրոբլեմներին:					
20	Դուք ձեզ վա՞տ եք զգում ուրիշին անհանգստացնելուց:					
21	Դուք արա՞գ եք ներգրավվում որևէ բանի մեջ:					
22	Դուք ավելի երկա՞ր եք պահում հարաբերությունները, քան դրանք ձեզ հետաքրքրում են:					
23	Դժվա՞ր է ձեզ համար դադարեցնել այն հարաբերությունը, որը վնասակար է:					
24	Դժվա՞ր է ձեզ համար մնալ ձեր տեսակետին (առողջ սնվել, չծխել, չխմել կամ չօգտագործել թմրանյութ):					
	Լրացրեք վանդակները և արդյունքը գրանցեք աջակողմյան վանդակում:					

24-ից քիչ. Դուք ունեք առողջ սահմաններ: 24-48. Սահմանները մի փոքր ավելի թույլ են, կարելի է ուժեղացնել: 49-72. Սահմանները շատ թույլ են, ժամանակն է սովորել ինչպես գծել դրանք:

ՍԱՀՄԱՆՆԵՐԻ ԿԱՌՈՒՑՈՒՄ

Ամենօրյա կյանքում մեզ շատ հաճախ են դիմում խնդրանքներով: Երբեմն հեշտ է լինում խնդրանքը մերժել, երբեմն՝ ոչ: Երբ չափից ավելի ենք նվիրվում, ծանրաբեռնվում ենք ուրիշների պրոբլեմներով, հետո զայրանում ենք՝ ինչու են նրանք փորձում առիթից օգտվել: Մենք համարում ենք, որ մյուսները պարտավոր են այլևս խնդրանքով մեզ չդիմել, մինչդեռ մեր պարտականությունն է այնպիսի սահմաններ գծել, որպեսզի չափից ավելի խնդրանքներ այլևս չլինեն:

Շուտ զայրացող մարդիկ հաճախ շատ են նվիրվում, սակայն երբ սովորում են ճիշտ սահմանափակումներ անել և ուշադրություն դարձնել իրենց կարիքներին, այլևս այդքան չեն նյարդայնանում:

Թվում է, թե «Ոչ» ասելը հեշտ պետք է լինի այն մարդկանց համար, որոնք վարժվել են ուրիշների համար պատասխանատվություն կրելուն, սակայն «Ոչ» ասելը բավական դժվար բան է: Հիմա դիտարկենք սահմաններ գծելու մի շարք մարտավարություններ:

Սահմաններ գծելու 4 մարտավարություն

1. Համոզվեք, որ ճիշտ եք լսել նրանց խնդրանքը: Կրկնեք նրանց համար այն, ինչ նրանք խնդրել են ձեզ, և եթե կարիքը կա, արեք հետագա պարզաբանումներ:
2. Կշռադատեք՝ արդյո՞ք խնդրանքն այն է, ինչ կցանկանայիք կատարել, թե կնախընտրեիք անտեսել այն:
3. Կարո՞ղ եք կատարել, թե ոչ, տեղյակ պահեք խնդրառուին: Եթե գտնում եք, որ չեք կարող կատարել այն, ներողություն մի խնդրեք, պարզապես բացատրեք պատճառը: Եթե ազնիվ լինեք ձեր պատասխանի մեջ, ներողություն խնդրելու կարիքը չի լինի:
4. Ասեք «Այո» կամ «Ոչ»: «Ոչ» ասելով՝ դուք տարածության վրա եք պահում նրան: Օրինակ. «Ես չեմ ուզում դա անել»:

Օրինակ. «Հասկանում եմ, որ ցանկանում ես՝ վաղը քեզ օդանավակայան տանեմ: Չեմ կարող, որովհետև նախագծիս վերջնաժամկետն է»:

Ոմանք «Ոչ» ասելը կոպիտ են համարում, և մեղքի զգացումից նեղվում: Եթե ձեզ հետ այդպիսի բան պատահի այն ընթացքում, երբ սովորում եք փոխվել, հանգիստ կարող եք խոսել այդ մասին ձեր խորհրդատուի հետ: Այն մարդիկ, որոնք նվիրված են ուրիշներին, կարող են մի կողմ դնել իրենց ձեռքի գործն ու ընկերոջը օդակայան տանել: Բայց հետագայում, երբ դուք նրան դիմեք որևէ խնդրանքով ու նա մերժի օգնել, դա կարող է հասցնել ձեզ կատաղության ու վրդովմունքի:

Պետք է նաև իմանաք, որ որոշակի իրավիճակներում ձեր որոշումը հաստատուն պետք է լինի: Օրինակ. եթե մեկը խմիչք է օգտագործել և ուզում է ձեզ մեքենայով տուն տանել, անհրաժեշտ է հաստատուն լինել և ասել. «Ճիշտ չի լինի, որ դու վարես մեքենան: Բանալիները տուր ինձ, ես կվարեմ այն»:

Ոմանք գտնում են, որ չափից ավելի անկեղծ լինելը հնչում է կոշտ ու կոպիտ: Կարելի է մի փոքր մեղմացնել՝ փոխելով ձայնի տոնը և բառերի ընտրությունը: Վերը նշված օրինակի համար կարելի է ասել. «Շատ կցանկանայի այսօր ես վարել մեքենան: Ճանապարհներին ստուգող կետեր են դրել, իսկ ես չեմ ուզում, որ քեզ տուգանեն»:

Ներքին սահմաններ ձեզ համար

Կենտրոնանալով ուրիշների հետ սահմաններ գծելու վրա՝ կարևոր է նաև սահմանափակել ինքդ քեզ: Օրինակ. որոշել եք սկսել առողջ ապրելակերպ, սակայն շարունակում եք չարաշահել շոկոլադը և անառողջ թեթև նախաճաշերը: Ինչ-որ տեղ ավելի դժվար է սահմանափակել ինքդ քեզ, քան սահմաններ հաստատել ուրիշների հետ:

Սահմաններ հանրության հետ

Երբ մեկը, խախտելով հերթը, առաջ է անցնում, դուք որևէ բան ասու՞մ եք: Երբ տեսնում եք մի ծնողի, որը ծեծում է երեխային մարդկանց ներկայությամբ, դուք որևէ քայլ ձեռնարկու՞մ եք կամ որևէ բան ասու՞մ եք: Երբ սպասում եք բժշկի սենյակի մոտ, օգտագործու՞մ եք ձեր հեռախոսն այն դեպքում, եթե խոսելն արգելվում է:

Օգտակար խորհուրդներ սահմանափակումներ անելու համար

1. Սահմանափակումներ անելու համար վստահ եղեք՝ դուք իրավունք ունեք «Ոչ» ասելու: Կարիք չունեք ներողություն խնդրելու, որ չեք կարող խնդրանքը կատարել: Կարող եք ասել. «Ես դա չեմ ցանկանում անել»: Ոչ ոք չպետք է վիճարկի, թե ինչն է ձեզ համար հետաքրքիր: Եթե դուք նրանց չեք գոհացնում, նրանք կարող են նեղվել, բայց ուշադրություն մի՛ դարձրեք դրա վրա:

2. Կարելի է նաև ասել. «Ես ուրիշ պլաններ ունեմ»: Դա սուտ չի լինի, քանի որ ձեր «պլանը» կարող է լինել տանը նստելը կամ հանգստանալն ու հեռուստացույց դիտելը:

3.Ներողություն մի՛ խնդրեք «Ոչ» ասելու համար: Հիշե՛ք, որ դա ձեր իրավունքն է:

4.Մի փոքր ժամանակ խնդրեք պատասխան տալու համար: Որոշեք՝ արդյո՞ք դա ձեզ համար հարմար է, թե՞ ոչ:

5. Եթե չեք ուզում ամբողջ խնդրանքը կատարել, առաջարկեք նրան կատարել մի մասը:

Ո՞րն է տարածքներ սահմանելու ճիշտ ժամանակը:

1.Երբ ուրիշների մասին ավելի եք հոգ տանում, քան ձեր:

2.Երբ ձեզ խնդրում են ավելին ասել ձեր մասին, քան կցանկանայիք բացահայտել:

3.Երբ ձեզ խնդրում են անել մի բան, որը ձեր արժեքներին հակառակ է:

4.Պարզապես, երբ չեք ցանկանում որևէ բան անել:

5.Երբ սպառված եք զգում, որովհետև ամբողջովին նվիրվել եք:

6. Երբ հարաբերությունների ընթացքում ամբողջ աշխատանքը դուք եք անում:

Նորմալ է, երբ արտահայտում եք ձեր կարիքներն ու պահանջմունքները: Ահա մի քանի ձևաչափ, որից կարող եք օգտվել.

Ես կցանկանայի, որ դու----------------: Կամ. Ինձ դուր չի գալիս, երբ դու------------------------:

Եթե որևէ բանից անհանգիստ եք, կարող եք օգտվել հետևյալ ձևաչափից. Ես ինձ լավ չեմ զգում, երբ դու------------------ (հատուկ վարքագիծը): Կամ. Խնդրում եմ վերջ տուր---------------------:

Վարժություն 1.Վարժվեք երբեմն մերժել, երբ դիմում են որևէ խնդրանքով:

Եկեք կիրառենք դա գործնականում:

Մտածեք այնպիսի իրավիճակներ, երբ ձեզնից օգնություն են խնդրում և թվարկեք ներքևում.

1.---

2.---

3.---

Օգտվելով 4 քայլերից, գրեք, ո՞րը կսահմանափակեիք ինքներդ:

1.Համոզվեք, որ լսել եք խնդրանքը:

2.Մտածեք՝ արդյո՞ք խնդրանքն այն է, ինչ դուք կցանկանաք կատարել:

3.Խնդրանքը կկատարեք, թե ոչ, տեղյակ պահեք խնդրառուին:

4.Ասեք «Այո» կամ «Ոչ»:

Օրինակ. Հասկանում եմ, որ պարտքով փող ես ուզում ինձնից, բայց այս անգամ տալ չեմ կարող:

Իրավիճակ 1.

Իրավիճակ 2.

Իրավիճակ 3.

Վարժություն 2. Սովորեք մերժել խնդրանքը, եթե ձեզ հարմար չէ.

Մտածեք իրավիճակ, որը ձեզ համար անհարմար է: Գրի առեք դրանք ներքևում.

1.---

2.---

3.---

Արտահայտեք կամ ձեր ցանկություններն ու պահանջմունքները, կամ ձեր անհարմարությունը: Օրինակ. Ես ինձ հարմար չեմ զգում, երբ ինձ այդքան մոտ ես նստում:

Իրավիճակ 1.

Իրավիճակ 2.

Իրավիճակ 3.

ԳՈՐԾՆԱԿԱՆ ԱՇԽԱՏԱՆՔ. Սովորե՛ք սահմանափակումներ անել:

ՍԹՐԵՍՈՐՆԵՐ, ԻՆՉՊԵՍ ԵՆ ՆՐԱՆՔ ԱԶԴՈՒՄ ՎԱՐՔԱԳԾԻ, ՄՏԱԾԵԼԱԿԵՐՊԻ և ՀՈՒՅԶԵՐԻ ՎՐԱ

Այժմ եկեք խոսենք սթրեսորներից: Սթրեսորներն ուղիղ համեմատական են զայրույթին: Նշանակում է՝ որքան շատ սթրեսային պահեր ունենանք, այնքան զայրույթի հավանականությունը մեծանում է: Ցանկացած փոփոխություն՝ լավ թե վատ, կարող է սթրեսոր լինել: Ամուսնության պլանավորումը կարող է առաջացնել նույն սթրեսը, ինչ գողացված մեքենան:

Ներքևում բերված տողերին գրի առեք այն բոլոր սթրեսորները, որ եղել են ձեր կյանքում:

Այժմ տեսնենք, թե ինչպես են սթրեսորներն ազդում մեզ վրա: Նրանք դրսևորվում են չորս տարբեր ձևերով. վարքագծով, մտածելակերպով, հույզերով և ֆիզիկապես: Սթրեսորներն դրսևորվում են վարքագծի տեքով. Օրինակ, դրանք խթանում են շատ ուտելը, ալկոհոլ օգտագործելը, ծխախոտ ծխելը: Սթրեսորներն ազդում են մտածելակերպի վրա. Օրինակ, դրանք առաջացնում են բացասական մտքեր, ինչպիսիք են՝ «Ես չեմ կարող այդ գործն անել», «Ես չեմ կարող դուրս գալ այդ իրավիճակից», «Ինձ ոչ ոք չի օգնի»: Դրանից կարող ենք դեպրեսիա ապրել, զայրանալ, անտարբեր դառնալ, անհամբեր լինել կամ հուզական սթրեսորների պատճառով թերարժեքության բարդույթ ունենալ: Եվ վերջապես, սթրեսորները կարող են ազդել ֆիզիկապես՝ առաջացնելով հոգնածություն, կրծքավանդակի ցավ, մկանների լարվածություն, գլխացավեր, արյան բարձր ճնշում: Բացի այս չորս ոլորտներից՝ սթրեսորներն ազդում են նաև այլ ոլորտների վրա, օրինակ, կրոնը:

Երբ զգում եք վերոհիշյալ սթրեսորներից որևէ մեկը, ապա դա սթրեսի նախանշան է. պետք է աշխատեք լարվածությունը թուլացնելու ուղղությամբ: Հետևյալ աղյուսակը տեսանելիորեն արտահայտում է սթրեսի աճման ընթացքը:

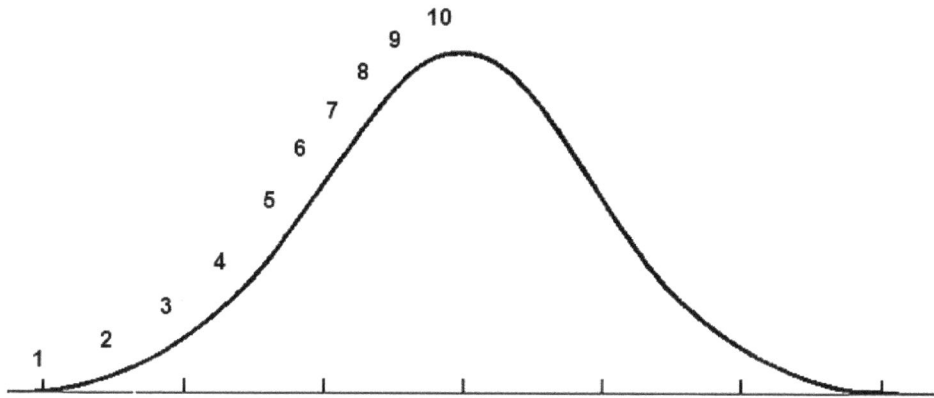

Որքան թիվն աճում է, այնքան բարձր են սթրեսի նախանշանները: Օրինակ, երբ թիվը 2-ի վրա է, դուք պարանոցի շրջանում մի փոքր լարվածություն եք զգում: Եթե այդ պահին անտեսեք 2-ը, վաղը այն կհասնի 4-ի, իսկ եթե շարունակեք անտեսել այն, հաջորդ օրերին ի վիճակի չեք լինի անկողնուց դուրս գալ: Նպատակն այն է, որ զբաղվեք ձեր լարված պարանոցով, երբ լարվածությունը դեռ 2-ի վրա է, որքան էլ այն թեթև թվա: Մենք պետք է կարողանանք վերահսկել մեր զայրույթը, իսկ դրա լավագույն միջոցն այն կանխելն է: Սթրեսի նախանշաններից ազատվելու համար պետք է միջոցներ ձեռնարկել, երբ նրանք դեռևս 1-2-ի վրա են, ոչ թե՝ 6-7-ի: Սրանով մենք կարող ենք կառավարել մեր զայրույթը, այլապես հետո ավելի դժվար կլինի:

Որո՞նք են սթրեսի վիճակում լինելու ազդանշանները: Դասավորեք սթրեսի պահերն ըստ ուժգնության: Օրինակ, 2-ում սկսեցի մոռացկոտ դառնալ; 6-ում սկսեցի ուտել չորս տուփ թխվածքաբլիթ և այլն:

Սթրեսային նախանշանների 2-4 աստիճան.

Սթրեսային նախանշանների 5-7 աստիճան.

Սթրեսային նախանշանների 8-10 աստիճան

2-4 աստիճանում սթրեսային նախանշաններն ավելի հեշտ է վերահսկել:

5-7 աստիճանում սթրեսային նախանշաններն ավելի դժվար է վերահսկել:

8-10 աստիճանում դուք արդեն վտանգավոր սահմանագծում եք:

Մի՛ անտեսեք սթրեսային նախանշանները, երբ դրանք դեռ ցածր աստիճանում են:

ԱՆՊԱՅՄԱՆ ԱՇԽԱՏԵ՛Ք ԴՐԱՆՑ ՎԵՐԱՑՄԱՆ ՈՒՂՂՈՒԹՅԱՄԲ:

ԽՈՐՀՈՒՐԴՆԵՐ ՍԹՐԵՍԸ ԿԱՌԱՎԱՐԵԼՈՒ ՀԱՄԱՐ

«Սթրես» բառն առաջին անգամ տպվել է էնդոկրինոլոգներից մեկի՝ Հանս Սելիի կողմից, ով ղեկավարում էր այս թեմայով գիտական աշխատանքը: Նա բնութագրում է սթրեսը որպես «օրգանիզմի՝ որևէ փոփոխությանն ուղղված ոչ սովորական պատասխան»: Սթրեսն այն վիճակն է, որը խաթարում է մեր լավ զգացողությունը, իսկ սթրեսորը՝ այդ սթրեսն առաջացնող խթանիչը: Ինչու՞ է սթրեսի վերահսկումն այդքան կարևորվում: Եթե հոգ չտանեք ձեր մասին, սթրեսը կարող է առաջացնել առողջական խնդիրներ: Չնայած, երբեմն փոքրիկ սթրեսները օգտակար են, սակայն չափից ավելի սթրեսը կարող է նյարդայնացնել և թուլացնել: Եթե չափից ավելի սթրես կրեք և դրան պատշաճ չվերաբերվեք, արդյունքում կարող եք հարձակվել շրջապատի մարդկանց վրա:

Մի փոքր սթրեսը նորմալ է, բայց երբ այն 1-10 սանդղակում հասնում է 5-ի, ճիշտ կլինի աշխատանք տանել այն իջեցնելու մինչև այն մակարդակը, որը ձեզ համար վերահսկելի է: Հետևյալ թվարկված մտքերը կարող են օգտակար լինել սթրեսը վերահսկելու գործում.

1.**Դադար վերցրեք.** Պլանավորեք ձեր ժամանակն այնպես, որ կարողանաք հանգստանալ և ուժերը վերականգնել:

2.**Աշխատեք չջրազրկվել.** Օգտագործեք շատ հեղուկներ՝ մարմինը չջրազրկելու համար: Շատ ջուր կամ թեյ խմեք:

3.**Լրացուցիչ միջոցներ մի՛ օգտագործեք.** Խուսափեք թմրանյութեր կամ ալկոհոլ օգտագործելուց:

4.**Իմացեք, որոնք են ձեր սթրեսորները.** Իմացեք, թե ինչն է ձեզ մոտ սթրես առաջացնում: Դա շատ կարևոր է, եթե ցանկանաք որևէ միջոց ձեռնարկել դրանից ազատվելու համար:

5.**Ստուգեք ձեր մտքերը.** Հեռացրեք բացասական մտքերը և կենտրոնացեք այն մտքերի վրա, որոնք կօգնեն ձեզ դուրս գալ սթրեսային վիճակից:

6.**Առաջնահերթություն և կազմակերպում.** Գրի առեք այն բոլոր գործերը, որ պետք է կատարեք, և առաջնահերթությունը տվեք նրանց, որոնք կարիք ունեն անմիջական լուծման: Ավելի քիչ կարևորները պլանավորեք կատարել ավելի ուշ:

7.**Ժամանակի ճիշտ կազմակերպում.** Ծրագրավորեք ձեր աշխատանքները մի քանի շաբաթ առաջ: Որոշ աշխատանքներ կատարեք շաբաթվա ընթացքում: Գծեք սահմաններ, եթե հնարավոր է: Հանձնարարությունները հերթակայեք, եթե հնարավոր է:

8.**Շնչառական վարժություններ.** Օրվա մեջ մի քանի անգամ կատարեք շնչառական վարժություններ:

9.**Ծիծաղ և զվարճություն.** Ծիծաղեք և զվարճացեք; Հումորը սթրեսը հանելու լավագույն միջոցն է:

10. **Գրի առեք.** Գրի առնելը սթրեսը հանգստացնելու ապահով միջոց է:

11.Խնդիրներին լուծում տվեք. Հայտնաբերեք ձեզ անհանգստացնող խթանիչները և խնդիրներին լուծում տվեք:

12.Ներեք. Ոխ պահելն իր հետ ծանր ու բացասական էներգիա է բերում: Սովորեք ներել՝ ծանր բեռից ազատվելու համար:

13.Աջակցություն փնտրեք. Օգնություն խնդրեք: Հայտնեք ձեր ընկերներին, ընտանիքի անդամներին, որ նրանց էմոցիոնալ աջակցության կարիքն ունեք: Ժամանակ հատկացրեք նրանց հետ զրուցելու համար:

14.Հաղորդակցվեք. Հարմար և տեղին պահին խոսեք մարդկանց հետ ձեր մտահոգությունների մասին:

15.Ձգվածության և լարվածության թուլացում. Կատարեք լարվածությունը թուլացնող մի շարք վարժություններ: Դրանք կթարմացնեն ձեր մարմինն ու միտքը:

16.Վարժություն կատարեք. Քայլեք, վազեք, արշավների գնացեք կամ կատարեք ցանկացած վարժություն, որը կօգնի ձեզ: Վաժությունները բարձրացնում են էնդորֆինները և դոպամինները, որոնք թուլացնում են սթրեսային վիճակը, գումարած այն, որ դուք ավելի առողջ կլինեք:

17.Սնվելը. Սթրեսի ժամանակ մարդիկ կամ շատ են ուտում, կամ՝ քիչ: Աշխատեք պահպանել հավասարակշռությունը: Կերեք թեթև և առողջ սնունդ: Ճարպի և կոֆեինի քանակությունը հասցրեք մինիմումի:

18.Ինչն է ձեր վերահսկողության տակ. Ավելի շուտ կենտրոնացեք այն գործերի վրա, որոնք փոխելն ավելի հեշտ է, քան նրանց, որոնք չեք կարող վերահսկել: Ընդունեք այն, ինչ ունեք և անտեսեք այն, ինչ չեք կարող վերահսկել:

19.Սահմաններ գծեք. Ժամանակ պահանջեք, նախքան խնդրանքին արձագանքելը: «Այո» ասելու փոխարեն մտածեք՝ ինչ կարող է իրենից ներկայացնել աշխատանքը և որոշեք՝ արդյո՞ք իրականում կարող եք պատասխանատվությունը վերցնել:

20.Զբաղվեք արվեստով. Զբաղվեք որևէ արվեստով կամ ստեղծագործական աշխատանքով, օրինակ. պոեզիայով, նկարչությամբ կամ գիրք կարդալով:

21.Դրական ինքնազրույց. Գրի առեք ձեր կյանքում տեղի ունեցած դրական դեպքերն ու իրադարձությունները:

22.Մեդիտացիա արեք. Օրը մեկ անգամ նստեք հանգիստ և լուռ ու մաքրեք ձեր միտքը:

23.Զբաղվեք ձեզ հաճելի գործով. Հեռուստացույց դիտեք, գիրք կարդացեք կամ զվաղվեք որևէ հոբբիով:

24.Այցելեք զվարճանքի վայրեր. Հանդիպեք ընկերների հետ և միասին այցելեք զվարճանքի վայրեր:

25.Ոգեշնչում. Շրջապատեք ձեզ ոգեշնչող նկարներով և թևավոր խոսքերով:

26.Երախտագիտություն. Գրի առեք այն ամենը, ինչի համար դուք երախտապարտ եք և կրկնեք մի քանի անգամ:

27.Արտաքին տեսքը. Հագեք ձեզ գրավիչ դարձնող հագուստը: Լոգանք ընդունեք և տրորեք մարմինը ու ավելի լավ կզգաք:

28.Տաք ցնցուղ ընդունեք. Հանգստանալու համար տաք ցնցուղ կամ լոգանք ընդունեք:

29.Հանձնարարությունները բաշխեք. Բաշխեք ձեր գործերն այնպես, որ կարողանաք կենտրոնանալ ամենակարևորների վրա:

30.Քայլեք արևի տակ. Դուրս եկեք արևի տակ քայլելու և վիտամին D ստանալու:

31.Վիտամիններ ընդունեք. Ընդունեք այնպիսի վիտամիններ, որոնք թարմացում և էներգիա են հաղորդում:

32.Սահմանափակեք հեռուստացույց դիտելը. Սովորաբար հեռուստացույց դիտելը ժամանակ անցկացնել է, որը զվարճալի չէ: Դուք աշխատում եք վերականգնվել, ոչ թե հակառակը՝ ավելի նյարդայնանալ:

33.Հետևեք ձեզ/խնամք տարեք. Մերսում ստացեք, մատնահարդարման գնացեք կամ խնամք տարեք ձեր հանդեպ որևէ ձևով:

Գործնական աշխատանք. ընտրեք ձեզ դուր եկած մտքերը, որոնք կօգնեն կառավարել ձեր սթրեսն այս շաբաթ:

ԽՆԴԻՐՆԵՐԸ ԼՈՒԾԵԼՈՒ ՀՄՏՈՒԹՅՈՒՆՆԵՐ, ՈՐՈՆՔ ԿՕԳՆԵՆ ՍԹՐԵՍԸ ԿԱՌԱՎԱՐԵԼ

Բոլոր ժամանակների համեմատ՝ մեր օրերում սթրեսը հասել է իր գագաթնակետին: Սթրեսի պատճառները շատ են՝ ներառյալ աշխատավայրը, ընտանիքը, ֆինանսական և պատասխանատվությունների սթրեսորները: Իրականում տեխնոլոգիան ոչ թե կրճատել է աշխատանքը, այլ ստիպում է ավելի շատ սովորել և ավելի շատ աշխատել, որի արդյունքում ավելի քիչ ենք հանգստանում և ավելի քիչ քնում: Երբ կյանքն այլևս անվերահսկելի է դառնում, ուշադրություն դարձեք սթրեսորներին: Անտեսելու փոխարեն, գրի առեք ձեր պահանջմունքները, պարզություն մտցրեք դրանցում և լուծում տվեք դրանց:

Պրոբլեմների լուծման հմտությունները սովորելու նպատակն է օգնել ձեզ՝ ավելի հեշտորեն կառավարելու ձեր կյանքը: Երբ լրացնեք այս թերթիկը, կունենաք գործողությունների մի շարք, որոնցից կարող եք օգտվել՝ սթրեսորից ազատվելու համար, ոչ թե նյարդայնանաք կամ խուսափեք դրանցից: Հիշեք՝ սթրեսոր կարող է լինել ցանկացած փոփոխություն՝ դրական թե բացասական: Օրինակ, ամուսնանալը երջանիկ իրադարձություն է, սակայն հարսանեկան պատրաստություններն ամբողջովին կարող են սթրեսային լինել:

Այս հատվածում գրի առեք ձեր ընթացիկ սթրեսորները.

1.	5.	9.	13.
2.	6.	10.	14.
3.	7.	11.	15.
4.	8.	12.	16.

Ցանկում շրջանակի մեջ վերցրեք այն սթրեսորները, որոնք դուք իսկապես կարող եք փոխել, իսկ քառակուսու մեջ վերցրեք նրանք, որոնց հետ ձեր կարծիքով ոչինչ չեք կարող անել:

Շրջանաձև գծվածներից ընտրեք նրանք, որոնց լուծումը կցանկանայիք տալ հենց հիմա:

Գրի առեք դրանք խնդիրների լուծման «Ա» հատվածում: Իսկ քառակուսու մեջ վերցրած սթրեսորներից ընտրեք նրանք, որոնց հետ կցանկանայիք աշխատել և թվարկեք դրանք «Համբերատար լինելը» վերնագրի «Ա» հատվածում:

Խնդիրների լուծում

Ա. Ո՞րն է պրոբլեմը կամ սթրեսորը:

___

Բ. Ի՞նչ կցանկանայիք: Ո՞րն է ձեր նպատակը (սովորաբար նպատակը խնդրի հակառակն է):

___

Սթրեսի կառավարում

Գ. Գրի առեք երեք հնարավոր լուծումները: Աշխատեք գնահատական չտալ դրանց: Դա կանենք հաջորդ փուլում (հուշում. գրելիս մի՛ քննարկեք ձեր պատասխանները: Պարզապես գրեք առաջին եկած միտքը):

1.---

2.---

3.---

Դ. Գնահատեք յուրաքանչյուր գրի առնված տարբերակ՝ դասակարգելով դրանք ըստ առավելությունների և թերությունների:

Տարբերակ 1.---

Առավելություններ	Թերություններ
1.	1.
2.	2.

Տարբերակ 2.---

Առավելություններ	Թերություններ
1.	1.
2.	2.

Տարբերակ 3:---

Առավելություններ	Թերություններ
1.	1.
2.	2.

Ե. Ընտրեք նախընտրելի տարբերակը և մշակեք գործողությունների պլան (ձեր պլանը պետք է լինի այս շաբաթվա ձեր նպատակը):

_____

Համբերատար լինելը

Ա. Ո՞րն է խնդիրը կամ սթրեսորը:

_____

Բ. Ի՞նչ կցանկանայիք: Ո՞րն է ձեր նպատակը (հուշում. ձեր նպատակը խնդրի հակառակն է):

_____

Գ. Գրեք երեք հնարավոր միջոց, որոնցով կարող եք ազատվել ձեր անհարմարությունից, և տեղավորեք դրանք համապատասխան սյունակներում:

Տարբերակ 1.--

Առավելություններ	Թերություններ
	1.
2.	2.

Տարբերակ 2. --

Առավելություններ	Թերություններ
1.	1.
2.	2.

Տարբերակ 3.--

Առավելություններ	Թերություններ
1.	1.
2.	2.

Դ. Ընտրեք նախընտրելի տարբերակը և կազմեք գործողությունների պլան

_____

_____

_____

Շատ հաճախ նպատակները չեն իրականանում, որովհետև ճանապարհին խոչընդոտներ են առաջանում: Մտածեք իրական մի խոչընդոտ, որը կարող է հանդիպել ձեր ճանապարհին: Ինչպե՞ս կարող եք հաղթել այդ խոչընդոտը:

____

____

Խելամիտ նպատակադրում. Համոզվեք, որ ձեր նպատակը խելամիտ է:

1.**Յուրահատուկ.** Հուշում է ձեր ճշգրիտ անելիքը:

2.**Չափավոր.** Ինչպե՞ս կարող եք իմանալ, որ հասել եք նպատակին:

3.**Տեղին.** Համապատասխանում է ձեր ընթացիկ նպատակին:

4.**Իրատեսական.** Անելու համար ոչ շատ դժվար է և ոչ էլ հեշտ:

5.**Ժամանակ.**Ասում է, թե նպատակը երբ կիրականանա:

Պատասխանատվություն

Ու՞մ հետ եք կիսում ձեր նպատակը: Կարո՞ղ են նրանք ձեզ պատասխանատու համարել: Կհայտնե՞ք նրանց ձեր պլանների մասին, և արդյո՞ք կկիսվեք նրանց հետ, երբ իրականանան դրանք: Սա բարձրացնում է հավանականությունը, որ դուք աշխատում եք ձեր նպատակի օգտին:

ԿՅԱՆՔԻ ԱՆԻՎԸ. ՈՐՔԱՆՈ՞Վ ԵՔ ԴՈՒՔ ԲԱՎԱՐԱՐՎԱԾ

Երբ դադարում ենք ուշադրություն դարձնել կյանքի կարևոր հանգամանքների վրա, մենք մեզ համարում ենք կորած, ոչ լիարժեք կամ անհավասարակշիռ: Հավասարակշռության հասնելու համար պետք է լինել աչալուրջ հատկապես այն դեպքերում, որոնք կարևոր են մեզ համար, ինչպիսիք են կարիերան, առողջությունը, ռոմանտիկ հարաբերությունները, ընկերությունը և այլն: Այս տեսանկյունից մենք կարող ենք գնահատել մեր բավարարվածության աստիճանը և փորձել բարձրացնել բավարարվածությունն այն ասպարեզում, որտեղ այն բացակայում է: Նայեք ներքևում պատկերված անիվին և պատկերացրեք, որ այն ձեր կյանքի «անիվն» է, որտեղ կարևոր ասպարեզները բաժանված են «սանդղակների»:

Քայլ 1. Ընտրեք կյանքի 8 ասպարեզ, որոնք կարևոր են ձեզ համար և դրանցով նշեք յուրաքանչյուր սանդղակը: Կարող եք ընտրել ստորև բերված ցանկից կամ գրել ձեր սեփականը:

1. Զուգընկեր-սեր հարաբերություններ
2. Ընտանիք-ծնողներ, երեխաներ, բարեկամներ
3. Հասարակական-ընկերներ, ակտիվ զբաղմունք
4. Աշխատանք/կարիերա-բավարարվածություն աշխատանքից և աշխատակիցներից
5. Առողջություն-դիետա, կայտառություն, վարժանք
6. Առողջ դատողություն-թերապիա, զրանցումներ, սթրեսի վերահսկում
7. Զվարճություն-ուրախություն, հետաքրքրքություններ, սիրած զբաղմունք
8. Ֆինանսական/դրամական-շահույթ, ծախսեր, ներդրումներ
9. Ստեղծագործ աշխատանք-նկարչություն/գծագրություն, երաժշտություն, ձեռքի աշխատանք, գրավոր ստեղծագործություն
10. Հոգևոր-մեդիտացիա, կրոն
11. Զարգացում-ուսում, կրթություն, էմոցիոնալ զարգացում
12. Հանրություն-օգնություն, կամավոր աշխատանք

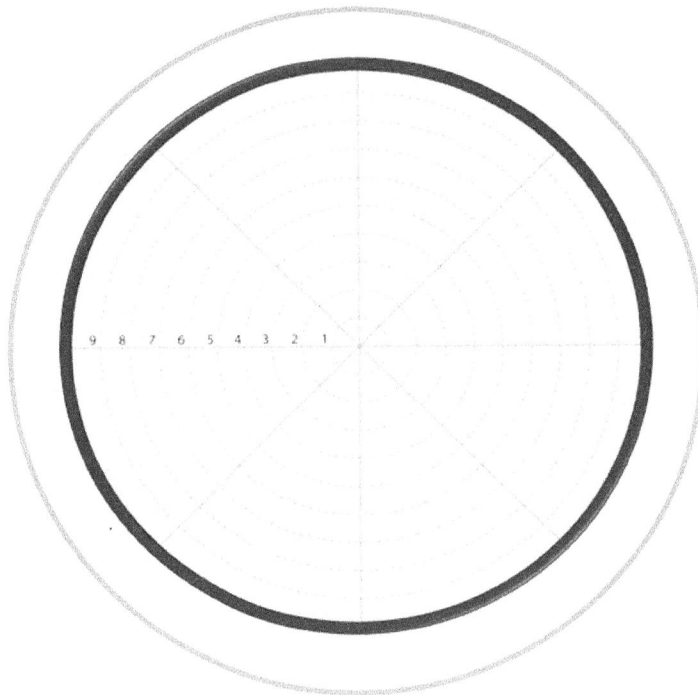

Քայլ 2. Հարցրեք ինքներդ ձեզ, թե որքանով եք ձեզ այս պահին բավարարված զգում նշված ասպարեզներից յուրաքանչյուրում, և դասավորեք բավարարվածության աստիճանն ըստ 1-10 սանդղակի հերթականության, որտեղ 0-ն լիարժեք անբավարարվածությունն է, իսկ 10-ը՝ լիարժեք բավարարվածությունը (նշում. Ձեր բավարարվածության աստիճանը կարող է փոխվել օրական կամ շաբաթական: Պարզապես նշեք ձեր զգացմունքն այդ մասին: Հիշեք, որ սա այն մասին է, թե ինչպես եք դուք զգում, ոչ թե՝ ինչպես են ուրիշները ձեզ տեսնում):

Քայլ 3. Նշագծեք այն աղեղները, որոնք արտահայտում են ձեր գնահատականը 0-ից (շրջանակի մեջտեղում) մինչև 10 (շրջանակի արտաքին մասում) յուրաքանչյուր ասպարեզի համար:

Քայլ 4. Սկսելով անիվի կենտրոնից և շարժվելով դեպի դուրս՝ ստվերագծեք տվյալ ասպարեզը:

Քայլ 5. Երկրորդ անիվի վրա, ստվերագծեք ասպարեզն այնպիսին, ինչպիսին կցանկանայիք տեսնել այն ապագայում: Հիշեք՝ մեր ժամանակն ու էներգիան սահմանափակ են: Օրն ունի շատ ժամեր, շաբաթն ունի շատ օրեր: Մենք չենք կարող միշտ և բոլոր ասպարեզներում լինել 100%-ով: Հետևաբար, երբ մեծ ջանք և ժամանակ ենք նվիրաբերում մի ասպարեզին, մյուսին ստիպված ենք տրամադրել ավելի քիչ: Եղե՛ք իրատեսական:

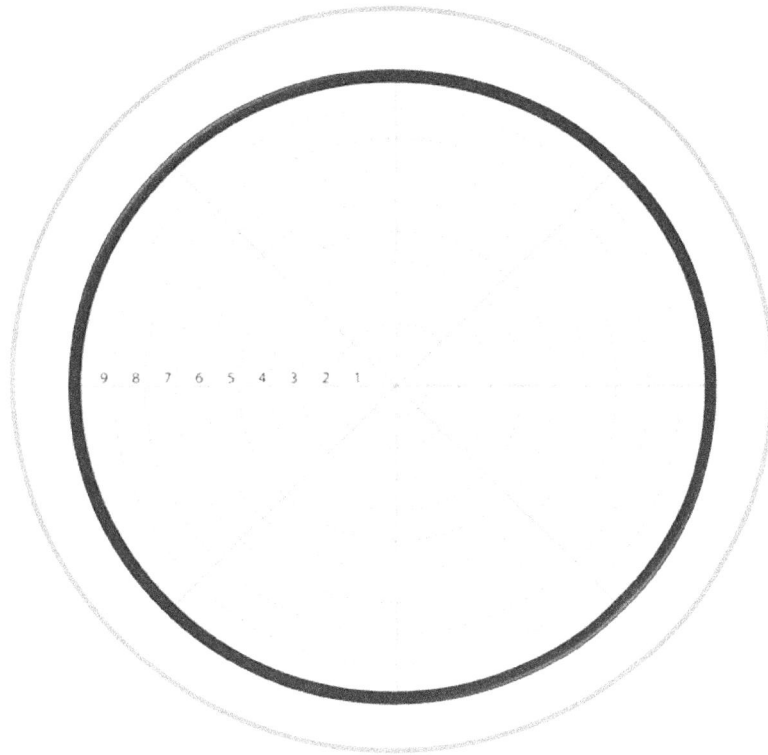

Քայլ 6. Ձեր կյանքի ո՞ր ասպարեզներում կցանկանայիք փոփոխություններ կատարել:

_____

_____

Քայլ 7. Ո՞ր ասպարեզից կցանկանայիք խուսափել ձեզ բավարարված զգալու համար:

_____

_____

Գործնական աշխատանք. հաշվարկեք, թե որքան բավարարված կզգաք ձեզ հետագայում:

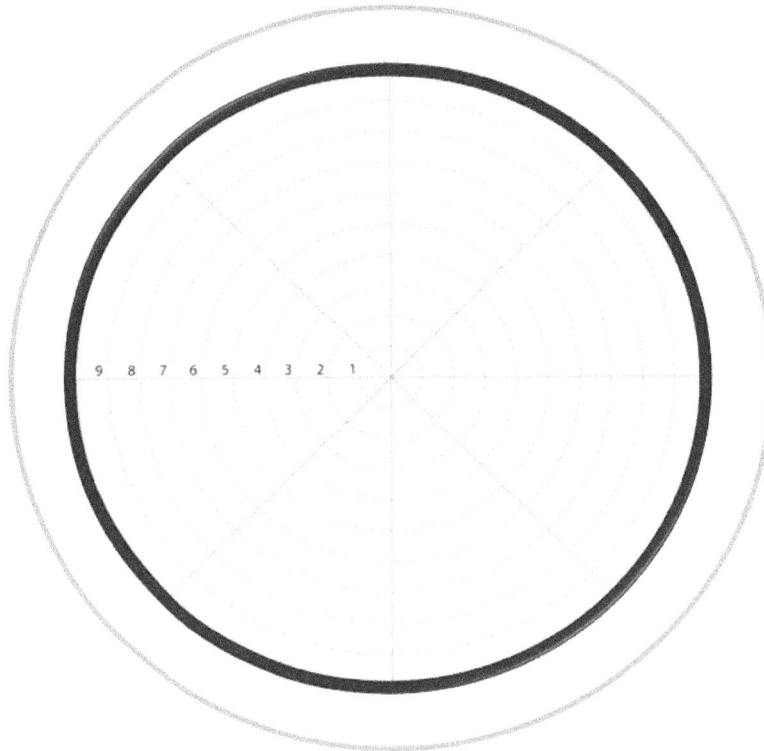

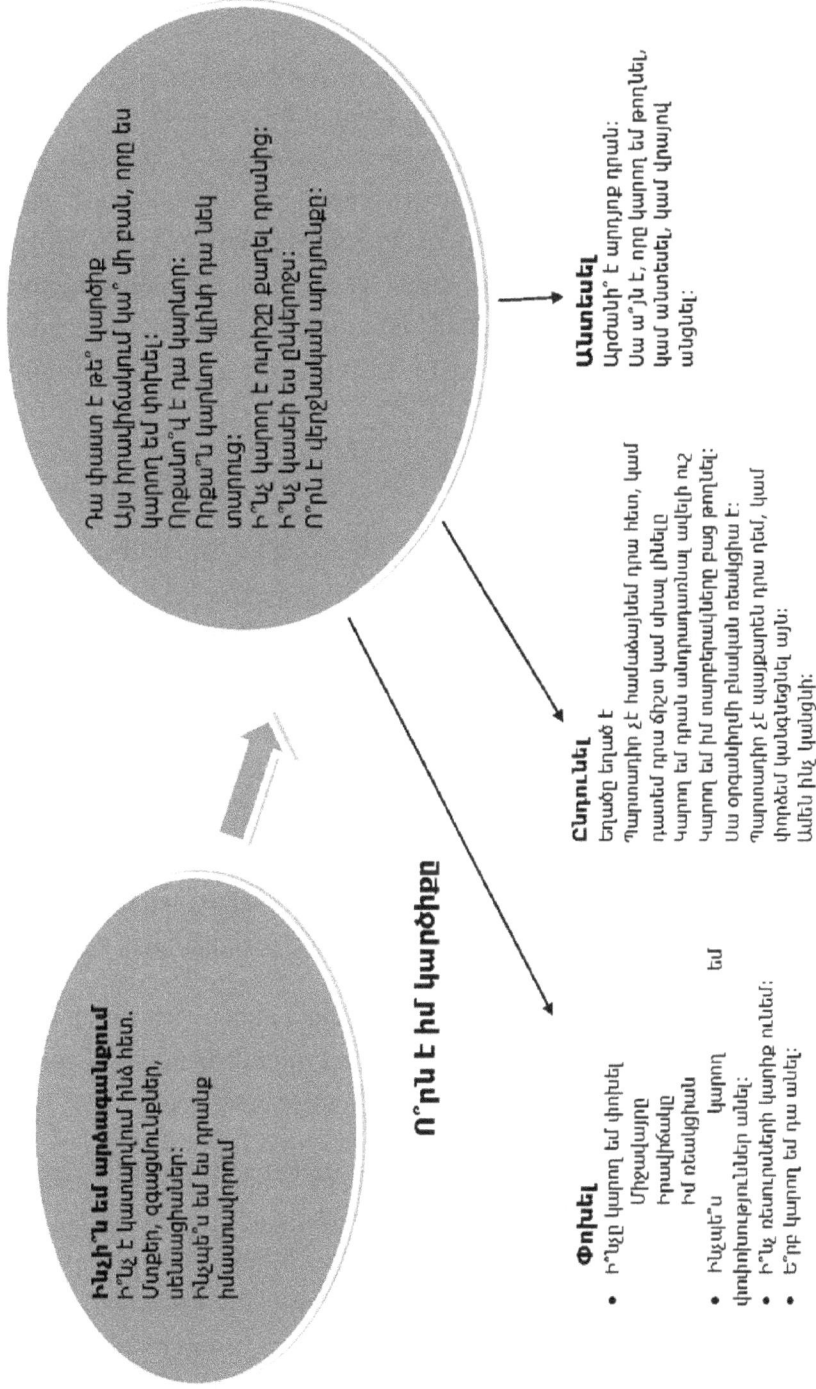

Ինչի՞ն եմ արձագանքում
Ի՞նչ է կատարվում ինձ հետ.
Մտքեր, զգացմունքներ,
սենսացիաներ:
Ինչպե՞ս եմ ես դրանք
իմաստավորում

Դա փաստ է թե՞ կարծիք
Այս իրավիճակում կա՞ մի բան, որը ես
կարող եմ փոխել:
Որքանո՞վ է դա կարևոր:
Որքա՞ն կարևոր կլինի դա նեկ
տարուց:
Ի՞նչ կարող է ուրիշը քաղել դրանից:
Ի՞նչ կասեի ես ընկերոջս:
Ո՞րն է վերջնական արդյունքը:

Ո՞րն է իմ կարծիքը

Փոխել

- Ի՞նչը կարող եմ փոխել
  - Միջավայրը
  - Իրավիճակը
  - Իմ ռեակցիան
- Ինչպե՞ս կարող եմ փոփոխություններ անել:
- Ի՞նչ ռեսուրսների կարիք ունեմ:
- Ե՞րբ կարող եմ դա անել:

Ընդունել

Եղածը եղած է
Պարտադիր չէ համաձայնեմ դրա հետ, կամ դատեմ դրա ճիշտ կամ սխալ լինելը
Կարող եմ դրան անդրադառնալ ավելի ուշ
Կարող եմ իմ տարբերակները բաց թողնել:
Սա օրգանիզմի բնական ռեակցիա է:
Պարտադիր չէ պայքարեն դրա դեմ, կամ փորձեմ կանգնեցնել այն:
Ամեն ինչ կանցնի:

Անտեսել

Արժանի՞ է արդյոք դրան:
Սա ա՞յն է, որը կարող եմ թողնել, կամ անտեսել, կամ վրայով անցնել:

Հենց այս պահին ի՞նչ կարող եմ անել, որ լավագույնս օգնի ինձ, մյուսներին, իրավիճակին

"Երբ իվիճակի չենք փոխել իրավիճակը,ապա պետք է փոխվենք մենք:" Վիկտոր Ֆրանկ

ԽՈՒՍԱՓՈՒՄ և ՓԱԽՈՒՍՏ

Մարդկանց մեծամասնությունը գտնում է, որ իրադրությունից խուսափելը նշանակում է, որ իրականում չի ցանկանում լուծել իր խնդիրները: Իսկապես այդպես է, սակայն լինում են պահեր, երբ նյարդայնացնող իրավիճակից խուսափելն ու փախուստ տալը օգնում են հմտորեն դուրս գալ սթրեսային վիճակից:

Մտածված կերպով իրադրությունից խուսափելը

Եթե հայտնվել եք մի իրավիճակում, որտեղ բարկանալն անխուսափելի է, ճիշտ կլինի արագ կողմնորոշվեք. «Այս անգամ պետք է նկատողություն չանեմ»: Սա խելացի քայլ է, քանի որ բարկացած ժամանակ նկատողություն անելը կարող է վիրավորել դիմացինին, և հավանաբար ինքներդ էլ կտուժեք, քանի որ կարող եք կորցնել թե՛ աշխատանքը, թե՛ ընկերներին: Իրադրությունից խուսափելու այս ձևը կոչվում է **Պլանավորված խուսափում:** Հաճախակի նյարդայնացնող իրավիճակներից խուսափելը կօգնի ձեզ հետագայում՝ ավելի հանգիստ ժամանակ, նորից անդրադառնալ այդ թեմային և կայացնել ավելի ճիշտ որոշումներ:

Պլանավորված խուսափում

Պլանավորված խուսափումը ևս մեկ միջոց է նյարդայնացնող իրադրությունից խուսափելու համար: Եթե նախօրոք գիտեք, որ տվյալ իրադրությունը կարող է ձեզ նյարդայնացնել, ապա պետք է դրանից պարզապես խուսափել: Օրինակ, եթե երթևեկության խիտ ժամերը ձեզ նյարդայնացնում են, ապա մտածեք ձեր աշխատանքային ժամերը փոխելու մասին (եթե իհարկե հնարավոր է) վատագույն հետևանքներից խուսափելու համար:

Խուսափում՝ տհաճ խոսակցության ժամանակը հետաձգելով

Նյարդայնացնող իրադրությունից խուսափելու մեկ այլ միջոց է նաև խոսակցությունը հետաձգելը: Օրինակ, եթե աշխատավայրում ձեզ խնդրել են աշխատել, իսկ դուք արդեն պլանավորել եք ընտանիքի հետ անցկացնել, ապա պետք չէ անմիջապես պատասխանել:

Պարզապես ասեք. «Կարո՞ղ եմ ձեզ վաղը պատասխանել»: Պատասխանը հետաձգելը հնարավորություն կտա հանդարտվել և մտածել սառը գլխով: Մտածեք և այնպիսի որոշում կայացրեք, որի հետևանքները հետագայում խնդիրներ չեն առաջացնի:

Կարող եք հայտնվել այնպիսի իրավիճակում, երբ բարկացած եք ինչ-որ բանից, իսկ մեկ ուրիշը ձեզ դիմում է մեկ այլ խնդրանքով: Որպեսզի նախկին բարկությունը չազդի այս նոր իրավիճակի վրա և պատճառ հանդիսանա նոր հուզմունքների ու ոչ ադեկվատ պատասխանների, հայտնեք այդ անձնավորությանը, որ նախքան պատասխանելը կցանկանայիք մի փոքր մտածել: Խոսակցության հետաձգելը կօգնի ձեզ հանդարտվել ու ճիշտ պատասխան տալ:

Սուր իրավիճակից խուսափելու առավելությունը

Նյարդայնացնող իրավիճակից խուսափելը կարող է շփումը դարձնել ավելի արդյունավետ: Տարբեր իրավիճակներ առաջանում են տարբեր պատճառներով: Օրինակ, ընտանիքում ծագած խնդիրները կարող են այլ ձևով լուծվել, իսկ աշխատավայրում՝ այլ: Ընտանիքում երեխաներին կարգի հրավիրելու համար կարելի է խնդրել ամուսնուն կամ կնոջը օգնել ձեզ, հատկապես եթե դուք շուտ եք բռնկվում: Աշխատավայրում ծագած խնդիրը ձեզ նյարդայնացնող անձնավորության հետ լուծելու համար ավելի լավ է նրա հետ շփվել էլփոստով (e-mail), հուշաթերթիկով կամ նամակով, քան վարվեք այնպես, որի համար հետո կարող եք զղջալ:

Խուսափելու մարտավարություն

Հաճախ համարյա անհնար է խուսափել մի իրավիճակից, որը կարող է զայրույթ առաջացնել:

Ստորև թվարկած մի քանի մարտավարական քայլերը կարող են օգնել ձեզ ազատվել նյարդայնացնող իրավիճակից, որում արդեն հայտնվել եք և սկսել եք բարկանալ.

1. **Կարճ դադար.** Երբ մարդ վիճում է մեկի հետ, հուզմունքը խանգարում է նրան պահպանել հավասարակշիռ վիճակը: Այստեղ ձեզ կարող է օգնել կարճ դադար առնելը: Այդ ընթացքում դուք կարող եք հանդարտվել և վերադառնալ խոսակցությանը՝ ավելի սառը դատողությամբ:

   Կարող եք պարզապես ասել. «Գիտե՞ս՝ ես հիմա մի փոքր նյարդային եմ: Ավելի լավ կլինի այդ մասին խոսենք քիչ հետո: Հիմա արի խոսենք այլ բաների մասին կամ հեռուստացույց դիտենք, կամ էլ, եթե կամենում ես, միասին դուրս գանք»:

2. ***Նախապես պլանավորած խուսափում.*** Եթե նախապես գիտեք, որ կոնկրետ այդ հանդիպումը ձեզ համար տհաճ և ոչ արդյունավետ է լինելու, խելամիտ կլինի հանդիպմանը հատկացրած ժամանակը հնարավորինս կրճատել: Կարող եք ասել. «Ես ընդամենը 10 րոպե ունեմ»: Այս դադարը կօգնի ձեզ հանդարտվել և խնդրին տալ ավելի արագ և արդյունավետ լուծում:

3. ***Ուշադրության շեղում.*** Եթե շարունակեք նորից ու նորից անդրադառնալ խոսակցության նյութին, որից բարկանում եք, արդյունքում ավելի կնյարդայնանաք: Շեղեք ձեր ուշադրությունը, գնացեք բոուլիգ խաղալու, խաղացեք բեյսբոլ կամ ընտանիքի հետ դուրս եկեք ճաշելու: Այս կերպ ձեր տրամադրությունը կբարձրանա: Մի՛ խոսեք նյարդայնացնող իրավիճակների մասին, և եթե ցրվելու ընթացքում դրանք նորից հայտնվեն, հանեք մտքից և կենտրոնացեք տվյալ պահի վրա: Այս քայլի նպատակն է ընդմիջել մտածմունքի օղակը՝ թույլ չտալով անընդմեջ մտածել նույն բանի մասին: Այն կօգնի նաև հանդարտվել ու հոգեպես բավականություն ստանալ հանդարտ վիճակից: Այն ձեզ կտա նոր հեռանկարներ:

Առողջ կարծրատիպն ընդդեմ անառողջ կարծրատիպի ըստ Քոգնիթիվ Բիհեվորիստական աղյուսակի

Անառողջ կարծրատիպեր	Կիրավորական մտքեր	Զգացմունքներ	Անասակար վարքագիծ	Հետևանք
Մարդկանց չպետք է վստահել	**Մի երկուշաբթի նա եկավ հիվանդ վիճակում:Նա դրսում հավանաբար երկար էր մնացել և չէր ուզում աշխատանքի գալ այսօր:**	Բարկացած, նյարդայնացնող, շահագործում և անհարգանք	Ես նրան հարցրի, արդյո՞ք նա գնացել է բժշկի:Ես նրան ասացի, որ չեմ հավատում իրեն:	Նա այդպես էլ չեկավ աշխատանքի: Գիտեմ, որ նա խաբում է, այլապես կերևար: Ես չեմ կարող մարդկանց վստահել:
Առողջ կարծրատիպ	Օգտակար մտքեր	Զգացմունքներ	Կառուցողականվարքագիծ	Հետևանք
Լավ կլինի ըմբռնող լինեք և որձեք հավատալ, անգամ եթե կասկածում եք	Նա ունի հիվանդոցության համար օրեր, որ կարող է օգտագործել: Ես այդպես եմ արել, երբ հիվանդ չեմ եղել:Բացի այդ նա կարող է իսկապես հիվանդ լինել:	Հարմարավետ,բարյացակամ, կարեկցող և ըմբռնող	Երբ նա հաջորդ օրը աշխատանքի վերադարձավ, ես ստուգեցի, արդյո՞ք ամեն ինչ կարգին է: Նա աշխատանքում հաջողեց:	Ես իմաց, որ ճկուն և ըմբռնող լինելը նպաստում է աշխատանքային լավ հարաբերություններին և ծառայողական արդյունավետության:
Անառողջ կարծրատի	Կիրավորական մտքեր	Զգացմունքներ	Անասակար վարքագիծ	Հետևանք
Ես ստիպված եմ բղավել, կամ ագրեսիվ լինել, այլապես մարդիկ չեն անի կամ լսի այն ինչ ասում եմ:	Այս մատուցողը շշմած է, նա գրի չառավ մեր պատվերը և համոզված եմ, որ կսխալվի:	Մտահոգ, որ նա պատվերը սխալ է ընդունել: Իրավիճակը վերահսկվելու կարիք ունի:	Ես մատուցողին ասացի, որ պատվերը պետք է գրի առնի, որպեսզի չսխալվի: Այլապես տեղյակ կպահեմ մենեջերին:	Նա շփոթվում է, և արդյունքում խառնում պատվերը; Ծնողներս իմ վարքագծից անհարմար զգացին:
Առողջ կարծրատիպ	Օգտակար մտքեր	Զգացմունքներ	Կառուցողական վարքագիծ	Հետևանք
Մարդիկ ավելի լավ վերաբերմունք են ցուցաբերում, երբ շփումը հաստատուն է և հարգալից:	Մատուցողը հավանաբար պատվերները լավ է հիշում: Դա իմ վստահության արտահայտումն է:	Ես ավելի հանգիստ կլինեմ այն գաղափարից, որ հիշի պատվերը: Ճիշտ կլինի փորձել վստահել նրանց:	Ես հարցրի արդյո՞ք նա կհիշի պատվերը: Ես ողջունեցի նրան այդպիսի հիշողություն ունենալու համար:	Մենք մատուցողի հետ հաճելի բառեր փոխանակեցինք: Ես և ընկերներս վայելեցինք հաճելի մի ընթրիք:

Վարժություն.Լրացրեք առաջին երկու շարքերի բաց վանդակները: Վերջին երկու վանդակներում աշխատեք ձեր ունեցած մի անառողջ և մի առողջ կարծրատիպի վրա:

Անառողջ կարծրատիպ	Վիրավորական մտքեր	Զգացմունքներ	Վնասակար վարքագիծ	Հետևանք
Բոլոր տղամարդիկ խաբեբաներ են				
Առողջ կարծրատիպ	Օգտակար մտքեր	Զգացմունքներ	Կառուցողական վարքագիծ	Հետևանք
Ես հրապուրիչ եմ				
Անառողջ կարծրատիպ	Վիրավորական մտքեր	Զգացմունքներ	Վնասակար վարքագիծ	Հետևանք
Առողջ կարծրատիպ	Օգտակար մտքեր	Զգացմունքներ	Կառուցողական վարքագիծ	Հետևանք

ԻՆՔՆԱՊԱՇՏՊԱՆՈՒԹՅՈՒ՞Ն, ԹԵ՞ ԻՆՔՆԱԽԻԱԽՈՒՍՄԱՆ ՄՏՔԵՐ ԵՎ ՎԱՐՔԱԳԻԾ

Ըստ Կոգնիտիվ-Բիհեյվիորիստական Թերապիայի մտքերը նախորդում են հույզերին, իսկ հույզերը՝ վարքագծին: Ուրեմն, եթե տեղյակ ենք մեր մտքերին, մենք կարող ենք ուժեղացնել վերահսկողությունը մեր հույզերի վրա, և կառավարել մեր վարքագիծը:

Ինքնապաշտպանական մտքեր

Ինքնապաշտպանական (ԻՊ) մտքերը խորհելու նյութեր են, որոնք բացասաբար են ազդում մեր տրամադրության վրա: Էականում, դրանք ինքներս մեզ և շրջապատող աշխարհին նայելու ոչ շիտակ և ոչ ռացիոնալ ձևեր են: Հետևյալ ցանկը պարունակում է բացասական մտածելակերպի ձևեր, որոնք իրեց հետ առաջ են բերում այլընտրանքային, ռացիոնալ, ինքնախրախուսող (ԻԽ) մտածելակերպի ձևեր:

1.**(ԻՊ) Բևեռացված մտածելակերպ**. Ամեն ինչ դիտվում է սև կամ սպիտակ, լավ կամ վատ, կատարյալ կամ բացարձակ անհաջող՝ չունենալով դրա համար ոչ մի հիմք («Իմ մայրը սարսափելի անձնավորություն էր»):

(ԻԽ) Մոխրագույն մտածելակերպ. Երբ միաժամանակ երկու կարծիք կարող են ճիշտ լինել: («Մայրս շատ սառը, ոչ զգացմունքային անձնավորություն էր, երբ ես փոքր էի, ԲԱՅՑ նա կիրակի օրերին ինձ միշտ տանում էր պաղպաղակ ուտելու»):

2. **(ԻՊ) Չափից ավելի ընդհանրացում.** Մեզ և մեր շրջապատող աշխարհը նկարագրելիս օգտագործում ենք «միշտ» կամ «երբեք» բառերը: Մենք ներկայացնում ենք եզակի բացասական դեպքը ավարտելով միտքը «երբեք»-ով («Դու երբեք ինձ չես օգնում»):

(ԻԽ) Եզակի դեպքերի որոշելը. Ընդունեք կատարվածը որպես եզակի դեպք: Փոխանակ ասելու. «Ինձ երբեք չես օգնում», փորձեք ասել. «Անցյալ գիշեր ինձ չօգնեցիր ամանները լվանալ: Ես կցանկանայի, որ դու օգնես ինձ այդ գործում»:

3. **(ԻՊ) Աղետալի ներկայացնել/Չափազանցնել.** Իրերը ներկայացնում եք չափազանցված՝ թումբը լեռ եք դարձնում («Անգլերենի կիսամյակայինը ձախողեցի: Ես չեմ ավարտի քոլեջը»):

(ԻԽ) Իրադրությանը անկողմնակալ նայել. Մեր շուրջ կատարվող իրադրությանը անկողմնակալ նայելով հասկանալ, թե ինչ է կատարվում և քայլեր ձեռնարկել վիճակը շտկելու համար («Եթե շատ աշխատեմ, վերջնական քննությունններս լավ կհանձնեմ»):

(ԻՊ) Աղետի ակնկալում. «Իսկ եթե հանկարծ ողբերգությու՞ն լինի: Իսկ եթե այն ի՞նձ հետ պատահի»:

(ԻԽ) Նայելով փաստերին. «Սարսափելի է այն, ինչ կատարվել է նրա հետ: Բայց այդպիսի բան կատարվելու հավանականությունը շատ քիչ էր»:

4. **(ԻՊ) Մեղադրանք.** Դուք ձեր պրոբլեմների մեղավորը համարում եք ուրիշներին, կամ ընտրում եք մեկ այլ ծայրահեղություն՝ կատարվող բոլոր վատ բաների համար ձեզ եք մեղավոր համարում:

(ԻԽ) Վերազրում. Պետք է պարզել ներքին գործոնները մեր մեջ և արտաքին գործոնները ուրիշների մեջ, որոնք պրոբլեմներ են առաջացնում, հետո նոր անդրադառնալ լուծումներին:

5. **(ԻՊ) «Պետք է որ» մտածելակերպ.** Ունեք երկաթյա կանոններ, թե ինչպես պետք է դուք և մյուսները գործեն այս կամ այն իրավիճակում: Երբ խախտվում են այս «կանոնները», դուք նյարդայնանում եք: Իսկ երբ դուք եք խախտում դրանք, սաստիկ մեղավոր եք համարում ձեզ:

(ԻԽ) Իրական ակնկալիքներ ունենալ. Ելնելով այն բանից, որ մենք բանական էակներ ենք, այլ ոչ մեխանիզմ, պետք է ավելի չափավոր ակնկալիքներ ունենանք մեզնից և ուրիշներից: Իմացեք, որ ձեր կանոնները երբեմն կարող են խախտվել կամ, օրինակ, մեկը կարող է կտրել ձեր մեքենայի ճանապարհը:

6. **(ԻՊ) Մտքի ֆիլտրում.** Որևէ կոնկրետ իրադարձության մեջ դուք կենտրոնանում եք աննշան բացասական պահերի վրա և չեք տեսնում դրանց դրական կողմերը; Սա նման է մեծ ամանի մեջ եղած մաքուր ջրում սև թանաքի փոքրիկ կետի վրա կենտրոնանալուն («Ներկայացման ժամանակ մոռացա տողերիցս մեկը: Այսօր ամեն ինչ սարսափելի էր»):

(ԻԽ) Սանդղակի 1-10 աստիճաններով դասակարգելը. Ընդունեք, որ կան «հաջողության» և «ձախողման» հնարավոր աստիճաններ («Հանդիսատեսին շատ դուր եկավ ներկայացումը, միայն ես մոռացա խոսքերիս մի տողը»):

7. **(ԻՊ) Դրականը արժեզրկելը.** Որևէ իրադրության մեջ դրականը տեսնելով որպես «երջանիկ պատահականություն»՝ հաշվի չենք առնում այն և չեզոքացնում ենք նրա կարևորությունը:

(ԻԽ) Արժեհամակարգի վերլուծություն. Հոռետեսական մտածելակերպի առավելություններն ու թերի կողմերը թվարկելով՝ կտեսնենք, թե ինչ ենք շահում կամ ինչ ենք կորցնում մտքերը սխալ մեկնաբանելու հետևանքով:

8. (ԻՊ) Բացասականի նվազեցում. (Չափազանցնելու հակառակը) Սխալ արարքների հերքելը կամ ռացիոնալիզացնելը, երբ դրանք հակադրվում են անհերքելի փաստերի հետ: Կարճ բառերի կամ արտահայտությունների օգտագործելը, ինչպիսիք են՝ «հազիվ թե», «մեծ բան չէ», «մի անգամ», «միայն մի փոքր», «իմ արածն ընդամենը»:

(ԻԽ) Պատասխանատվություն վերցնելը. Հաշվի առնելով իրադրության բոլոր տեսակետները՝ ներառյալ ձեր վարքագիծը:

9. **(ԻՊ) Հուզական պատճառաբանություն.** Ձեր բացասական հույզերը խանգարում են իրերը

տեսնել այնպես, ինպես կան, այն պատճառով, որ դուք այդպես եք զգում. «Ես սարսափում եմ թռիչքից: Օդանավերը շատ վտանգավոր են»:

(ԻԽ) Ուսումնասիրություն. Հետաքրքրվել ուրիշներից՝ արդյոք մեր մտքերն ու վերաբերմունքներն իրատեսական են:

10.**(ԻՊ) Պիտակավորում.** Պիտակելը «ամեն ինչ կամ ոչինչ» ծայրահեղական մտածելակերպի ձև է: Փոխանակ հասկանալու՝ ինչ է իրականում կատարվում. «Ես սխալ եմ գործել», դուք ընդհանրացնում եք և բացասական որակում տալիս ձեզ. «Ես ձախողակ եմ»: Ուրիշներին որակելիս դա հնչում է որպես վիրավորանք:

(ԻԽ) Սահմանում. «Ձախողակ» բառի պիտակող իմաստը բացահայտելը պարզում է, որ այն պատկանում է կոնկրետ վարքագծին, ոչ թե մարդուն ամբողջապես:

11. **(ԻՊ) Վաղաժամ եզրակացություն.** Դուք վաղաժամ ու անհիմն եզրակացություններ եք անում:

Միտքը կարդալը. Դուք հասկանում եք, թե ինչ են մարդիկ զգում և ինչու են նրանք վարվում այդ կերպ: Հատկապես, ենթադրություններ եք անում այն մասին, թե ինչ են մարդիկ ձեր հանդեպ զգում:

Ապագան գուշակելը. Դուք գուշակում եք, որ ամեն ինչ վատ է լինելու, անգամ եթե անցած իրադարձությունները հակառակն են վկայում:

(ԻԽ). Ապացույցի քննում. Փնտրում ենք գոյություն ունեցող կամ չունեցող դեպքեր, որոնք հաստատում /հերքում են մեր ենթադրությունները:

Ինքնապաշտպանական վարքագիծ

Ինքնապաշտպանական վարքագիծը բացասաբար է ազդում մեր ֆիզիկական ինքնազգացողության վրա: Ինքնապաշտպանական վարքագծի օրինակներն են.

1.Ալկոհոլը / Թմրանյութ / Դեղատոմսով Դեղորայքային Չարաշահումը / Ծխելը

2.Չափից շատ հեռուստացույց դիտելը (օրինակ, 4 ժամից ավելի)

3.Էմոցիոնալ ուտելը / անհագուրդ ուտելը / քաղցի մատնվելը

4.Վտանգավոր ձևով մեքենա վարելը / ուրիշներին վտանգի ենթարկելը

5.Եղունգների/ կողքի մսերի կրծելը

6.Մազերի քաշելը

7.Մարմնական վնասվածքը / ինքնակառավարման խեղումը / մաշկի պոկոտումը

8.Բարկությունից իրերի կոտրելը

9.Չափից ավելի սեքսով զբաղվելը / Չպաշտպանված սեքս մի քանի մասնակիցներով

10.Կախվածություն Ինտերնետից

11.Չափից ավելի վարժություններ կատարելը / նստակյաց լինելը

12.Վատնելը

13.Թղթախաղով զբաղվելը

14.Մեկուսանալը

15.Բացասական ինքնազրույցը

Ինքնախրախուսիչ Վարքագիծ

Ինքնախրախուսիչ վարքագիծը (ԻԽ) դրականորեն է ազդում մեր ֆիզիկական ինքնազգացողության վրա: Հիշեք, որ նպատակը հավասարակշռությունը պահպանելն է: Ինքնախրախուսիչ վարքագծի օրինակներ են.

1.Վարժություն կատարելը

2.Յոգան / Շնչառական վարժությունները

3.Մեդիտացիան / ռելաքսացիան

4.Հանգստյան օրեր վերցնելը

5.Ընկերների / թերապևտի հետ զրուցելը

6.Մտքերը գրի առնելը

7.Փրփուրով լոգանք ընդունելը

8.Լողափ գնալը/ բնության մեջ լինելը

9.Առողջության վերահսկում/ ժամանակին բժշկի այցելելը

10.Սիրած զբաղմունքով զբաղվելը, ինչպիսիք են Նկարչությունը/ Երգը / Պոեզիան /Ընթերցանությունը

11.Դրական ինքնազրույցը

12.Դադար առնելը

ԱՆԱՌՈՂՋ ՀԱՄՈԶՄՈՒՆՔՆԵՐԻ ՍՏՈՒԳՈՒՄ

Համոզմունքների մասին

Կոգնիտիվ-Բիհեյվիորիստական Հոգեբանության մեջ ամոզմունքները մեր գիտելիքներն են մեր, մյուսների և մեզ շրջապատող աշխարհի մասին՝ ընտանիք, դպրոց, ընկերներ, աշխատանք կամ հաղորդակցման միջոցներ: Մեր գիտելիքները գալիս են մեր սեփական փորձից, ինչպես նաև ուրիշներից ստացած տեղեկությունից: Լավն այն է, որ սխալ վարքագիծ և տհաճ զգացմունքներ առաջացնող համոզմունքները ձեռքբերովի են և կարելի է նրանցից ձերբազատվել: Երբ անառողջ համոզմունքը փոխարինեք ավելի օգտակարով, դուք ձեր տրամադրության և վերբերմունքի մեջ անմիջապես փոփոխություն կզգաք. իրադրության վերաբերյալ ձեր սխալ մեկնաբանությունը կփոխվի: Համոզմունքների հետևում թաքնված տհաճ մտքերն ու զգացմունքները կփոխվեն ձեռք բերված նոր տեսակետի շնորհիվ և կօգնեն ձևավորել ավելի առողջ հարաբերություններ:

Վարժություն անառողջ համոզմունքները որոշելու վերաբերյալ Համոզմունքներ

«Բոլոր հավաքույթների ժամանակ զուգընկերդ պետք է կողքիդ լինի, դա լավ հարաբերություն չի կարող լինել»:

Համոզմունքի ստուգում.

1.Ո՞վ է ասում, որ զուգընկերդ պետք է քեզ կպած մնա ամբողջ հավաքույթի ընթացքում:

2.Որքանո՞վ է դա իրատեսական:

3.Ո՞րն է իմ անհանգստության պատճառը, երբ նա խոսում է իր ընկերոջ/ընկերուհու հետ: Արդյո՞ք ես վախենում եմ, որ իմ զուգընկերը կգտնի ավելի հետաքրքիր ու հրապուրիչ մեկին: Արդյո՞ք ես անհանգիստ եմ, որ ներկաները կկարծեն, թե մեր հարաբերություններն այնքան էլ լավ չեն:

4.Արդյո՞ք գիտեմ որևէ առողջ և սիրալիր հարաբերություն, երբ զույգերն իրար սոսնձված են ամբողջ հավաքույթի ընթացքում:

Վերը նշված օրինակների ըմբռնման առողջ ձևեր.

1.Բոլորովին վատ բան չկա, որ իմ զուգընկերն ունի իր ընկերները:

2.Ես գիտեմ, որ նա ինձ սիրում է, անգամ եթե հավաքույթի կամ խնջույքի ժամանակ իր ընկերների հետ է:

3.Նորմալ է, երբ խնջույքի ընթացքում նա ժամանակ է անցկացնում:

Սեփական անառողջ համոզմունքների որոշելը.

Գրի առեք ձեր կարծիքով ձեր ունեցած անառողջ համոզմունքները հետևյալ տողի վրա.

1.Արմատական համոզմունք.--

2.Քանի՞ տոկոսով եք համոզված, որ այդ համոզմունքը ճիշտ է.---------------------------
3.Թվարկեք ապացույցներ, որոնք դեմ են այս համոզմունքին.

     ա.--

     բ.--

     գ.--

     դ.--

     ե.--

     զ.--

     է.--

     ը.--

     թ.--

     ժ.--

Այժմ գրի առեք առողջ համոզմունք վերը նշված փաստերի հիման վրա.

1.Նոր համոզմունք.---

2.Քանի՞ տոկոսով եք համոզված, որ ձեր նոր համոզմունքը ճիշտ է.-------------------------

---

Գործնական աշխատանք: Կարդացեք այս համոզմունքները շաբաթվա ընթացքում և ևս մեկ անգամ ամսվա վերջում: Քանի՞ տոկոսով եք համոզված, որ ձեր վերանայած համոզմունքը ճիշտ է:

ՊԱՇՏՊԱՆԱԿԱՆ ՄԵԽԱՆԻԶՄՆԵՐ

Պաշտպանական մեխանիզմները հայտնի հոգեբանական մարտավարական միջոցներ են, որոնք օգնում են մեզ հաղթահարել անցանկալի հույզերը և չափից ավելի անհանգստությունը: Դրանք հայտնվում են անգիտակցաբար, այսինքն՝ մենք անտեղյակ ենք, որ օգտագործում ենք այդպիսի միջոցներ: Ահա թե ինչու կարևոր է իմանալ դրանց մասին, ինչպես են դրանք հայտնվում, արտահայտման ինչ ձևով և ինչպիսի ազդեցություն ունեն մեր կյանքի վրա: Եթե պաշտպանական մեխանիզմները շատ կարևոր են այնպիսի դեպքերում, ինչպիսիք են հիվանդությունները կամ բնական աղետները, ապա այլ դեպքերում շարունակաբար իրականությունից խուսափելը և իրականությունը խեղաթյուրելն ինքնին խնդիր է դառնում, քանի որ իրական խնդիրը չի լուծվում:

Ստորև բերված են պաշտպանական մեխանիզմների օրինակներ: Դրանք կարող են օգտագործվել առանձին կամ մյուսների հետ միասին:

1.Հերքում. Հերքումը իրականությունն ընդունելուն և հասկանալուն ուղղված պաշտպանական միջոց է, ինչպիսիք են սիրած էակի թմրանյութերից կախվածությունը, որովհետև իրականությունն ընդունելը ցավալի է և ոչ հաճելի: Հերքելով իրականությունը՝ մենք խուսափում ենք նրա հետ գործ ունենալուց: Հերքումը, որը կարող է ի հայտ գալ դեռ մանկությունից, համարվում է ամենապրիմիտիվ պաշտպանական մեխանիզմներից մեկը:

Օրինակ, չարաշահող մարդը հաճախ հեչքում է, որ ինքը խնդիրներ ունի՝ մատնանշելով այն փաստը, որ իր զուգընկերը շարունակում է մնալ իր հետ:

2.Հարցերի լուծում բղավոցներով. Սա այն է, երբ մեկն իր մտքերն ու զգացողությունները շարունակ արտահայտում է ծայրահեղ վարքագիծ ցուցաբերելով՝ բղավելով, հարվածելով, փոխանակ դա անի հանգիստ բացատրվելու միջոցով: Բղավելով խնդիր լուծող մարդը հավանաբար կարծում է, որ միայն խոսելով ու բացատրվելով ինքը լսելի չի լինի: Իր հուզական ցավն այդ կերպ արտահայտելով՝ նրա համար ավելի դժվար կլինի հասնել ցանկալի արդյունքին: Որպես կանոն՝ բղավոցներով գործող մարդիկ չեն կշռադատում իրենց գործողությունների հետևանքները:

Օրինակ. Փոխանակ ասելու. «Ես ինձ արհամարհված եմ զգում», մարդը բղավում է զուգընկերոջ վրա, օգտագործում անվայել խոսքեր, դուրս է գալիս սենյակից ու շրխկացնում է դուռը:

3.Ռացիոնալիզացում. Ռացիոնալիզացումը իր կատարած գործողության շարժառիթը ճշմարտացիորեն ասելու փոխարեն արդարանալն ու ներողություն հայցելն է:

Օրինակ. Մեկը, օգտագործելով ռեալիզացիոն պաշտպանական մեխանիզմը, ներողություն է խնդրում մյուսից, որին հարվածել էր բարում՝ իր ընկերուհուն նայելու համար: Իր կարծիքով ոչ ոք երբեք չպետք է նայի իր ընկերուհուն:

4.Տեղափոխում. Տեղափոխումը մի անձին ուղղված զգացմունքներն ու ազդակները մեկ ուրիշ ավելի քիչ սպառնալիք ներկայացնող անձնավորությանն ուղղորդելն է, որը կարող է դեպքին բոլորովին էլ մասնակից չլինել: Սովորաբար, մարդիկ այս միջոցն օգտագործում են, երբ զգում են, որ իրենց կարծիքն արտահայտելն այն անձնավորության մոտ, ում վրա զայրացած են, այնքան էլ ապահով չէ:

Օրինակ. Մի կին զայրանում է իր տնօրենի վրա, բայց քանի որ մեծ համարձակություն է աշխատավայրում զայրույթն արտահայտելը, երբ նա տուն է գնում, իր զայրույթի թիրախը դառնում են ամուսինը կամ երեխաները: Այսպիսով նա իր զայույթը փոխանցում է տնօրենից դեպի իր ընտանիք: Սա առաջացնում է լրացուցիչ խնդիրներ. իրական խնդիրը չի լուծվում և հիմա էլ ամուսնու ու երեխաների հետ պետք է հաշտության եզրեր գտնի:

5.Պրոեկցիա. Պրոեկցիան այն մեխանիզմն է, երբ մի անձնավորությանը թվում է, թե մյուսը նույնպես ունի այն զգացողություններն ու մտքերը, ինչ իրականում ունի ինքը, բայց չի ցանկանում ընդունել դա (սխալ վերագրում): Պաշտպանական այս մեխանիզմն օգտագործվում է, երբ անհատն անհարմար է զգում կամ շփոթվում է իր ունեցած մտքերից կամ զգազմունքներից և այն պրոյեկտում է մեկ ուրիշի վրա:

Օրինակ. Մարդը կարող է զայրանալ՝ կարծելով, որ իր կինը ցանկանում է ուրիշի հետ հարաբերություններ ունենալ, երբ ինքը իսկապես մեկն է, ում աչքը դրսում է:

6.Ռեպրեսիա. Ռեպրեսիան այն պաշտպանական մեխանիզմն է, որը հնարավորություն է տալիս մարդուն արգելափակել անընդունելի ու ցավոտ մտքերը՝ հեռու պահելով գիտակցությունից, որտեղ դրանք անընդունելի են և որոնցով ապրելն անհնար է: Լավն այն է, որ կարելի է ձերբազատվել այդ ցավոտ հիշողություններից՝ աշխատելով լավ հոգեթերապևտի հետ: Այդպիսով, հիշողությունների լարվածությունը թուլանում է, և ձեզ նյարդայնացնող խնդիրները կարող են հասկացվել և կառավարվել:

Օրինակ. Հնարավոր է, որ անձը մանկության ժամանակ ունեցել է ֆիզիկական կամ սեքսուալ չարաշահման տրավմա իր ծնողի կամ բարեկամի կողմից, բայց որը կարող է «մոռացված» լինել ավելի մեծ տարիքում: Նրանք այնպես են ճնշել այդ ցավոտ հիշողությունները, որ կարողանան ներկայում շարունակել ջերմ և քնքուշ հարաբերություններն իրենց չարաշահողի հետ:

7.Մեկուսացում. Մեկուսացումն այն մեխանիզմն է, երբ մարդը դառնում է պասիվ և ետ է պահում իրեն մյուսի արժեքներից ու հետաքրքրություններից: Դա սովորաբար արվում է անգիտակցորեն, սակայն համարվում է ավելի վաղ ունեցած զգացմունքային ցավի պատասխան: Մեկուսացումը միջոց է, որը պաշտպանում է մեզ մեր նախկին ցավից, անցանկալի հիշողություններից ու մտքերից:

Օրինակ. Կինն ամուսնուն հասկացնում է, որ ցանկանում է ինտիմ հարաբերություն ունենալ: Երբ ամուսինը չի արձագանքում, նա իրեն մերժված է զգում և մեկուսանում է հարաբերություններից ամբողջ հաջորդ շաբաթ՝ ցանկանալով պաշտպանել իրեն այդ և նախկինում՝ մանկության ժամանակ ունեցած ցավալի մերժումներց: Երբ ամուսինը ցանկանում է գրկել նրան կամ խոսել հետը, առաջանում է դժգոհության զգացողություն:

8.Դիսոսացիա. Նախկին ցավալի դեպքերին «դիսոսատիվ(անջատողական) ռեակցիա» տվող մարդը հեռացնում է այդ հիշողությունը գիտակցությունից, որպեսզի կարողանա այդ պահին շարունակել գործել՝ առանց ուժեղացնելու հիշողության արթնացրած ցավագին դեպքերը: Նա կարող է կորցնել դեպքի հետքը հիշողության մեջ: Հավանական է, որ մարդը կարող է անջատվել, եթե մանկության տարիներին ունեցել է որևէ տրավմա կամ չարաշահվել է:

Օրինակ. Ցասման մեջ մարդու աչքերի առաջ սևանում է, և սպանում է մեկ ուրիշին, բայց հետո, երբ նրան ձերբակալում են և հարցնում, թե ինչ է պատահել, նա չի կարողանում հիշել տեղի ունեցածը:

9.Ինտրոեկցիա. Ինտրոեկցիան առաջանում է, երբ մեկն ընդունում է մյուսի արժեքներն ու կարծիքները՝ առանց մտածելու՝ արդյոք դրանք իրեն համապատասխա՞ն են, թե՞ ոչ: Հաճախ անձը վերցնում է իր ծնողների արժեքներն ու բարոյականությունն այնպես, որ նրա գլուխը լիքն է «Դու պետք է, որ…» և «Դու չպետք է, որ…»-ներով: Երբ մարդը հրաժարվում է իր սեփական արժեքներից և գնում է ուրիշների հետևից, արդյունքում առաջանում են ոչ առողջ հարաբերություններ, քանի որ նա այլս «ինքը» չէ: Այդպիսի մարդիկ հակված են ագրեսիվ, պասիվ- ագրեսիվ արարքների:

Օրինակ. Աշխատավայրում գործարար ընկերներից մեկը ընդունում է մյուս գործարար ընկերոջ մտքերն ու գաղափարները, չնայած որ ինքն ունի բավական լավ մտքեր, և իրականում այնքան էլ համաձայն չէ իր գործընկերոջ հետ: Արդյունքում նա այնքան է զայրանում և դա այնպիսի գործողություններով է արտահայտում, որ համագործակցությունն ու բիզնեսը դրվում են վտանգի տակ:

10.Հետքերից ազատվելը. Հետքերից ազատվելն այն է, երբ մարդն անգիտակցաբար փորձում է արտաքնապես ուղղել մի վարքագիծ կամ միտք, որն իր համար վիրավորական է կամ ցավալի: Դա պաշտպանում է նրան մի շարք այլ գործողությունների ազդեցություններից:

Օրինակ. Կինը, որը տառապում է պատանեկան ինտիմ վարքագծից, այժմ անվերջ մաքրում է իր տունը՝ առանց գիտակցելու, որ դրանով ջանում է ջնջել անցյալի իր գործողությունները:

11.Ռեգրեսիա. Ռեգրեսիան այն է, երբ մարդը նորից վարվում է այնպես, ինչպես իր ոչ չափահաս տարիքում: Դա արվում է անգիտակցորեն և հաճախ երբ դիմացինն արտահայտում է անցանկալի մտքեր, զգացողություններ և սթրես:

Օրինակ. Մարդը որոշ ժամանակ սպասում է, որ ռեստորանում իրեն որևէ տեղ նստեցնեն: Նա նկատում է, որ իրենից հետո եկած մարդկանց նստեցնում են իրենից ավելի շուտ: Սա ենթագիտակցական կապ է ստեղծում երեխա ժամանակ քույր ու եղբայր մրցակցության հետ: Նա վայրկենապես արձագանքում է, թշնամաբար մոտենում է սպասուհուն և բղավում նրա վրա ուրիշներին իրենից առաջ սպասարկելու համար:

12.Ինտելեկտուալիզացիա. Ինտելեկտուալիզացիան այն է, երբ մարդը թաքցնում է իր իրական զգացողությունները որևէ դեպքի վերաբերյալ և փոխարենը կենտրոնանում է կարծրատիպերի և կարծիքների վրա:

Հիմնական խնդրի բացահայտումը

Օրինակ. Կինը պնդում է՝ իրեն չի անհանգստացնում այն, որ իր ընկերը ճաշի է դուրս գալիս իր աշխատակցուհու հետ՝ նշելով, որ դա նրա իրավունքն է և որ կանայք «պարզապես ընկերներ» են, և որ ինքը «խանդոտ չէ», բայց իրականում նա վիրավորված է, խոցված և բարկացած իր ընկերոջ վրա: Այնուամենայնիվ, նա տրամաբանական բացատրություններ է գտնում ընկերոջ արարքի համար, որպեսզի անհայտ մնան իր իրական զգացողությունները: Քայլ 1.Ընտրեք այն երեք պաշտպանական մեխանիզմները, որոնք դուք օգտագործում եք և բացատրեք, թե ինչպես եք օգտագործում դրանք:

1.Պաշտպանական մեխանիզմի տեսակը.---

ա. Ինչպես եք օգտագործում այն---

բ. Ինչպես է այն խանգարել ձեր աճին---

գ. Գրեք այլընտրանքային մի գործողություն, որը կարող եք ապագայում օգտագործել որպես պաշտպանական մեխանիզմ:

2.Պաշտպանական մեխանիզմի տեսակը---

ա. Ինչպես եք օգտագործում այն---

բ. Ինչպես է այն խանգարել ձեր աճին---

գ. Գրեք այլընտրանքային մի գործողություն, որը կարող եք ապագայում օգտագործել որպես պաշտպանական մեխանիզմ:

3.Պաշտպանական մեխանիզմի տեսակը---

ա. Ինչպես եք օգտագործում այն---

բ. Ինչպես է այն խանգարել ձեր աճին---

գ. Գրեք այլընտրանքային մի գործողություն, որը կարող եք ապագայում օգտագործել որպես պաշտպանական մեխանիզմ:

ԷԳՈՆ ԵՎ ՑԱՅՐՈՒՅԹԸ

Էգոն ի Ծնե է

Երբ լույս աշխարհ ենք գալիս, մեր սկզբնական փորձառությունները մեր զգացումներն են՝ մեր շրջապատը, ձայները, հոտերը, համերը, հպումը և մարդիկ՝ մայրը, հայրը, խնամողները և ընտանիքի անդամները: Երեխան զգայուն է այն ամենի հանդեպ, ինչ դուրս է իր «ես»-ից (անձից), օրինակ՝ ինչ են զգում մարդիկ իր հանդեպ, բայց դա դեռ «ես»-ի մասին գաղափարը չէ: Երբ մարդիկ շարունակ ժպտում են երեխային, նա իրեն գնահատված է զգում, և հենց այստեղ է, որ ծնվում է Էգոն կամ Կենտրոնում լինելու գաղափարը: Մեր էգոն հետագայում ձևավորվում և հսկվում է հասարակության կողմից: Երբ մենք վարվում ենք կանոններին համապատասխան, հասարակությունը մեզ գնահատում է, իսկ եթե ոչ, հասրակությանն այն դուր չի գալիս, և մեր էգոն վիրավորվում է:

Եկեք քննարկենք մի քանի օրինակ՝ այս միտքը հասկանալու համար. Խանութում հերթի մեջ ձեր հետևում կանգնած մարդը նկատողություն է անում ձեզ, որ երկար է տևում գնումների սայլակը դատարկելը: Իրականում, ֆիզիկական վնաս չեք ստանում ակնարկից, բայց ձեր «էգոն» զգում է այդ խայթոցը, որովհետև դուք ձեզ միշտ համարել եք կազմակերպված և ունակ մեկը, որը կարող է շատ արագ դատարկել գնումների սայլակը: Այդ պատճառով ակնարկը ձեզ զայրացնում է:

Էգոն և Զայրույթը փոխկապակցված են միմյանց

Նմանատիպ իրադրություն կարող է առաջանալ ժամադրության գնալիս: Ընդունենք, որ բավական փորձառու եք ժամադրությունների մեջ: Դուք ակնկալում եք, որ կանայք լավ են վերաբերվելու ձեզ: Բայց, ահա, երրորդ ժամադրությանը ձեր ընկերուհին ասում է, որ չի ցանկանում այլևս շարունակել հանդիպումները ձեզ հետ, և թվարկում է մի շարք պատճառներ, թե ինչու այլևս չի ցանկանում ձեզ տեսնել: Ձեր այն ակնկալիքները, որ նա տարված է ձեզնով, հօդս են ցնդում: Ձեր մասին ունեցած ձեր իսկ կարծիքը՝ որպես հմուտ ժամադրողի, հարված է ստանում: Դուք զայրանում եք:

Կրկին էգոն և Զայրույթը փոխկապակցված են միմյանց

Այսպիսի իրավիճակներում հեշտ է տեսնել, թե ինչպես է մեկի ինքնանկարագիրը և ակնկալիքը սպառնալիքի տակ դրվում, իսկ իրականում նա ոչ մի վնաս չի կրել: Ոչինչ չի փոխվել: Կյանքն այնպիսին է, ինչպիսին եղել է: Սակայն շարունակում ենք զգալ ներքին խորը դիմադրություն և զգացմունքային ցավ:

Դրա հիմքում ընկած է էգոն, որը խառնվում է իրավիճակը հարթելու մեր ջանքերին ու ավելի լարում այն: Շատ հաճախ ներկայում կատարվածի պատճառն անցյալից եկած որևէ վիրավորանքի հետևանքն է, և մենք այդ պահին դժվարանում ենք տարբերել, թե որն է իրական, որը՝ ոչ: Այդ պատճառով շատ կարևոր է ամեն ինչ իմանալ էգոյի մասին, որպեսզի կարողանանք կառավարել ինքներս մեզ և հեռու պահել ամեն տեսակ տհաճ դեպքերից:

Մենք Մեր Էգոն Չենք

Էգոն ցանկանում է, որ կարծենք, թե մենք ենք էգոն, բայց այդպես չէ: Էգոն մեր արտածցոլված գոյությունն է, ոչ թե մեր իրական «ես»-ը: Որքան քիչ իմանանք մեր իրական «ես»-ի մասին, այնքան խոցելի ենք այն հարցում, թե ինչպես են ուրիշները մեզ ընդունում: Եթե ընդունենք, որ մեզ ոչ ոք չի սիրում, չի գնահատում կամ հավանություն չի տալիս, ուրեմն մեր էգոն բացասաբար է ազդված: Մենք ցավ և մեկուսացում ենք զգում: Վիրավորվում ենք, սակայն դա այդպես չպետք է լինի:

Դիմադրելը որպես Էգոն Հասկանալու միջոց

Երբ իրականությունը տարբերվում է մեր ակնկալիքներից և երբ էգոյի հարվածի արդյունքում բացասական էմոցիաներ են հայտնվում, ընդունված է անցնել դիմադրության, որն ավելի շուտ մեզ հեռացնում է իրականությունից, քան տանում դեպի այն:

Դիմադրելը մեծ դեր է խաղում մեր կրած ցավի ու անհարմարության գործում տարբեր ձևերով.

> ➤ Մենք զայրանում ենք, երբ մեր ինքնանկարագրի վրա հարձակվում են կամ գրգռում այն:

> ➤ Մենք դավաճանված ենք զգում, երբ մեր ամուսինը գնում է ժամադրության ուրիշի հետ:

> ➤ Մենք հուզմունք ենք ապրում, երբ զգում ենք, որ ապագայում կարող է այնպիսի բան կատարվել, որը ցանկալի չէ:

> ➤ Մենք նախանձ ենք զգում, երբ մեզ թվում է, թե ուրիշների ունեցածը մերը պետք է լիներ:

> ➤ Մենք միայնություն ենք զգում, երբ մեր կողքին չունենք կյանքի հավատարիմ ընկեր:

> ➤ Մենք տխրություն ենք զգում, երբ ուզում ենք ունենալ այն, ինչը չենք կարող ունենալ:

Ինչպե՞ս Վարվենք Մեր Էգոյի հետ

Մեր էգոն տեսնելը դժվար է, մինչդեռ ուրիշինը տեսնելը՝ հեշտ: Նպատակն այն է, որ կարողանանք տեսնել մերը: Որքան շատ ենք ուսումնասիրում մեր էգոն, այնքան հմտորեն թույլ չենք տալիս նրան խառնվել մեր գործերին: Եթե մենք մասնակցենք որևէ ինքնարտացոլման գործնական պարապմունքի, ինչպիսին է օրինակ, հոգատարության մեդիտացիան, ապա մենք այստեղ գործ կունենանք մեզ քաջածանոթ էգոյի հետ: Մեր ներքին ձայնն է, որ մեզ ստիպում է անհանգստանալ, հուզվել ու տառապել: Այն մեզ հեռու է պահում իրականությունից:

Մտածեք ձեր անհանգստությունների մասին: Դրանք սովորաբար կապ ունեն ապագայի հետ: «Իսկ ի՞նչ, եթե --------------պատահի», բայց այդ ապագան գոյություն ունի միայն ձեր մտքում և ոչ մի ուրիշ տեղ: Դուք դրանց հետ գործ կունենաք, երբ դրանք ծագեն, սակայն համոզված չեք, որ կկարողանաք լուծել դրանք: Եթե անհանգստությունը մեր ապագայի համար է, ապա էգոն սիրում է պահել մեզ անցյալում: Այն թարմացնում է մեր ամոթի, գործած մեղքի զգացողությունները և կատարած սխալները: Այն կարող է վերափոխվել մոլեգնության: Նպատակն այն է, որ ազատվենք էգոյից, և հասկանալով դա՝ թույլ չտանք նրան վեճերի ժամանակ հայտնվել մեր ճանապարհին:

Վարժություն.

Հարցեր, որոնք տրվում են՝ պարզելու համար ձեր էգոյի գոյությունը.

1. Անցյալում կատարված որևէ դեպք կապ ունի՞ ներկայի հետ:

2.Արդյո՞ք ապագայի նկատմամբ իմ անհանգստությունը հարվածում է իմ ընթացիկ արձագանքներին:

3.Արդյո՞ք վախենում եմ, որ եթե ընդունեմ որևէ պատասխանատվություն, իմ ընկերն ինձ կհամարի թույլ մարդ:

4.Արդյո՞ք վախենում եմ, որ եթե մեկ անգամ պատասխանատվություն վերցնեմ, դա կլինի նախադեպ, և այդուհետև ես կլինեմ միակ մեղավորը:

5.Արդյո՞ք այն, ինչ ասաց ինձ այդ մարդը, խառնվում է իմ ինքնաճանաչմանը:

6.Եթե չլիներ իմ էգոն, ինչպիսի՞ն կլիներ իմ արձագանքը:

7.Եթե այդ ամենը դիտեի իմ զուգընկերոջ տեսանկյունից, ինչպե՞ս կվարվեի:

ԻՆՉՈՒ՞ Է ՆԵՐԵԼԸ ԴԺՎԱՐ

Ներելը դժվար է: Բայց ինչու՞: Հավանաբար հետևյալ պատճառներով.

1.Մենք հաճախ ենք ստիպված լինում հրաժարվել մեր զայրույթից: Դրա պատճառներից մեկն այն է, որ ցանկանում ենք հասնել կամ նորից ձեռք բերել վերահսկողությունը: Եթե դեռ մինչև հիմա վիրավորանքն զգում ենք այն չափով, որքան այն ժամանակ, մենք չենք դադարում նյարդայնանալ: Բավական դժվար է, եթե ոչ՝ անհնար ներել մեկին, ում վրա դեռ բարկացած ենք: Սա այդպես է, եթե անգամ բարկության հիմնական պատճառը ոչ թե մեր կորցրած վերահսկողությունն է, այլ մեր հանդեպ գործած անարդար վերաբերմունքը (զայրույթն անարդարություն է): Ճիշտ այնպես, ինչպես փափուկ հյուսվածքի բորբոքումը կարելի է վերացնել վնասվածքից անմիջապես հետո կատարած բուժումով, այլապես հետո, երբ այն խրոնիկական դառնա, կարող է ավելի վտանգավոր լինել, քան վնասվածքն ինքն է, այդպես էլ զայրույթը, անկախ ծագման պատճառից, շատ ավելի մեծ վնաս կհասցնի, եթե թողնենք նրան անպաշտպան՝ չձեռնարկենք անհրաժեշտ պաշտպանական քայլեր այն վերացնելու համար:

2. Մենք ուզում ենք բավարարել արդարության մեր զգացումը: Եթե նույնիսկ մենք զայրացած չենք և եթե վստահ ենք, որ մեզ վիրավորող անձը չի գնահատում մեր ներողամտությունը, մեզ համար դժվար կլինի թողտվություն ցուցաբերել այն ամենի հանդեպ, ինչ նրանք արել են մեզ:

3.Ներողամտությունն այնպիսի զգացում է, կարծես թույլ ենք տալիս մեզ վիրավորանք հասցնողին ծուղակից դուրս գալ առանց պատժի: Եթե նույնիսկ չենք զգում, որ ներողամտություն ենք ցուցաբերում, մենք թողտվություն ենք անում անարդարության հանդեպ: Զայրույթը մեղմելու համար մեզ վիրավորանք հասցնողին ներելը տպավորություն է ստեղծում, որ նա կարող է անպատիժ մնալ, հատկապես, երբ որևէ պատիժ դեռ որոշված չէ:

4.Մենք ցանկանում ենք վիրավորել այնպես, ինչպես մեզ են վիրավորել: «Ակն ընդ ական» գործելաոճը հաճախ ներքին բավարարվածություն է առաջացնում: Եթե տվյալ պահին չենք կարողանում ստացած վիրավորանքին համապատասխան պատասխան տալ, հաջորդ լավագույն քայլը կլինի զայրույթը թաքցնելը:

5.Նրանք ներողություն չեն խնդրել: Չափազանցված չէ այն, որ ներվելու համար պետք է ներողություն խնդրել:

6.Երբ մեկն անարդար է վարվում, մենք հաճախ չենք ուզում հավատալ, որ նա կարող է որևէ բարի գործ անել: Մենք հակված ենք հեռացնելու նրանց, ովքեր վիրավորում են մեզ՝ ջնջելով նրանց հասուն մարդկանց ցուցակից՝ դնելով նրանց մեզ «վիրավորողների» ցուցակի մեջ: Դրանով մենք հրաժարվում ենք հավատալ, որ այդ մարդիկ ունակ են որևէ լավ բան անելու, և նրանք մեր մտքում այլևս տեղ չունեն (ճիշտ այնպես, ինչպես նրանք են մեզ ինչ-որ բան պիտակելով հանել հասուն մարդկանց շարքից, որը նրանց հնարավորություն է տվել առաջինը վիրավորել մեզ):

Ի՞նչ Է Նշանակում Ներել

Ներել նշանակում է ընդունել, որ մարդը, որը մեզ վիրավորել է, մեզ համար սովորական մարդ չէ: Ընդունենք թե ոչ, այդ անձնավորությունը մեզ համար հասուն էակ է, ում մեծությունը չի չափվում մեզ վիրավորելու համար նրա հիմար որոշմամբ (այնքանով, որքանով մենք կցանկանայինք, որ այդպես լիներ): Սրա հիմնական ներման գաղափարն այն է, որ մեզ վիրավորած մարդը դեռ ի վիճակի է լավ բան անելու:

Ներումը պահանջում է մեզ վիրավորողներին դիտել ոչ թե որպես չարակամ, այլ որպես այն աստիճանի շփոթված, որ իրականում հավատում են, թե մեզ վիրավորելով կարող են իրենց երջանիկ զգալ (չնայած նրանք համարյա անընդունակ են դա համարել որպես պատճառ): Երկրորդ, ներելը պահանջում է հրաժարվել բարկությունից, ուրիշին պատժելու կամ մի լավ դաս տալու ցանկությունից, մեզ վիրավորողին վերավորելու պահանջից, այն մտքից, որ ներելով մեզ վիրավորողին՝ ինչ-որ տեղ թողտվություն ենք անում մեր նկատմամբ գործած անարդարության հանդեպ: Հրաժարվել նաև այն մտքից, որ անհրաժեշտ է ներողություն խնդրել, և որ մեզ վիրավորողը կարիք ունի փոխվելու: Ներելով հանցանքը՝ վերջին հաշվով ուզում ենք մեզ ազատել: Ներել, ինչպես ասացվածքն է ասում, չի նշանակում մոռանալ: Եվ ոչ էլ նշանակում է մարդուն, որին ներել ենք, վերադարձնել մեր կյանքում իր ունեցած նախկին դիրքին: Դա նշանակում է, որ մենք առաջ ենք շարժվում մեզ հասցրած վիրավորանքից ապաքինված:

Ի՞նչ օգուտ կարող է տալ մեզ ներելը

Ուրիշներին ներելը բռնության օղակը կոտրելու միակ ճանապարհն է:

Որպեսզի կարողանանք ներել, պետք է կարողանանք կարեկցանք դրսևորել: Նիչիրեն Բուդդիզմի մեջ այն կոչվում է բոդհիզատվայի վիճակ: Բոդհիզատվան այն անձնավորությունն է, որի հիմնական մտահոգությունն ուրիշների երջանկության մեջ է: Ապրելակերպի այս տեսակը որդեգրելը ոչ ոքի այնքան օգտակար չի լինի, որքան մեզ համար, քանի որ այն ուրախություն առաջացնող ապրելակերպ է:

Որպեսզի կարողանանք ներել, պետք է հրաժարվենք բարկանալուց: Եթե շարունակենք բարկացած մնալ, այն ուղղվում է նաև այն մարդկանց, որոնք մեր հանդեպ ոչինչ չեն գործել, պատրվակ է հանդիսանում մեր բոլոր փորձությունների համար և հաճախ խանգարում կյանքի տարբեր ասպարեզներում բավականություն ստանալուն:

Կարողանալ կարեկցել ներելու համար

Որպեսզի կարողանանք կարեկցանք ցուցաբերել այն մարդու հանդեպ, ով մեզ վիրավորել է, մենք պետք է հավատանք, որ մարդն ի սկզբանե ցանկանում է երջանիկ լինել: Այս տեսանկյունից նայելով մեզ վիրավորանք հասցնողին՝ պետք է հասկանանք, որ գուցե նա բոլորովին շեղվել է՝ հետապնդելով իր սեփական երջանկությունը, և կարեկցենք նրան՝ որպես մոլորյալ երեխայի: Նշանակություն չունի՝ որքան հարուստ կենսափորձ կարող է ունենալ անձը, որքան ինքնավստահ, խելացի և հաջողակ կարող է լինել, ինչպե՞ս կարող է վիրավորելու մտադրությունը ծագել որևէ ուրիշ բանից, քան մոլորությունից:

Բնականաբար հարց է ծագում՝ արդյո՞ք ոմանց մեղքերն այնքան սարսափելի են, որ չարժե նրանց ներել. ծնողներին, ովքեր չարաշահել են մեզ, երեխաներին, ովքեր ապստամբել են մեր դեմ, կողակիցներին, ովքեր լքել են մեզ, ընկերներին, ովքեր դավաճանել են մեզ, անծանոթներին, ովքեր վիրավորել են մեզ կամ մեր սիրելիներին: Կամ նույնիսկ բռնակալներին, ովքեր սպանել են մեր ընտանիքներին,: Արդյո՞ք, օրինակ, Հիտլերին կարելի է ներել: Կարո՞ղ է մեկը ներել մյուսին, առանց ներելու նրա արարքները:

Կարող եմ առաջարկել միայն հետևյալը. Եթե շարունակում եք ոխ պահել մեկի հանդեպ, ով ձեզ սարսափելի վիրավորել է, պետք է ձեր մեջ ուժ գտնեք և ներեք նրան, որպեսզի համարվեք մարդու այն տեսակը, ով կարող է և պետք է նախ օգնի իրեն, և ներելով մարդուն՝ փոխի նրա կյանքը: Ոչ միշտ, իհարկե, այլ երբեմն: Այդ անելով՝ դուք ոչ միայն ձեզ ազատ եք արձակում, այլև մասնակցություն եք ունենում մի շատ կարևոր գործի. մի գործի, որի համար աշխարհը բարձրաձայն բղավում է՝ խաղաղություն:

Հաճելի զգացողություններ

Ազդված
աշխույժ
անկաշկանդ
ազատ
անկախ
ազնիվ
ապահով
ապավինած
արդյունավետ
ամբողջական
արբեցած
արիացած
արժեքավոր
արժևորված
ազատագրված
արդյունավետ
անհամբեր
անհոգ
արտահայտիչ
ապշած
ավարտված
բարյացակամ
բաղձկալի
բարեկամական
բերկրալի
բախտավոր
բարի
բավարարված
գերված
գոհունակ
գոհ
գրավիչ
գնահատված
դրական
դյուրեկան
երջանիկ
եզակի
երախտապարտ
եռանդուն
լիառատ
զարմացած
զարմանալի
զգայուն
զվարթ
զգացում
ընկալունակ
ըմբռնող
թարմացած
թեթևացած
թովիչ
իրագործած
իրազեկ
իղձ
ժիր
լավատես
լուսավոր
լսված
խանդավառ
խանդավառված
խաղաղ
խթանված
խելացի
խիզախ
խոստումնալից
խնդուն
խորասուզված
խրախուսված
կապված
կարևոր
կախարդված
կարեկցող
կարեկցանք
կենսուրախ
կենտրոնացած
համառ
հանդարտ
հաջողակ
համբերատար
համակրելի
հանդուգն
հանգստացած
հանդարտ
համոզված
հանդիսավոր
հանդարտված
համարձակ
հարմարավետ
հարմարեցրած
հստակ
հրապուրված
հրապուրիչ
հիացմունք
հիացական
հիացած
հիմնավորված
հպարտ
հոյակապ
հուզված
հմայված
հեշտ
հետաքրքրված
հետաքրքրասեր
հուզումնալից
ճանաչված
մեծահոգի
մտահոգ
նկատված
նրբանկատ
նորացված
ներողամիտ
նվիրված
շոյված
շնորհակալ
շարժուն
ոգևորված
ոգեշնչված
որոշակի
որոշված
չափազանց գոհ
ջերմ
ջերմագին
ռոմանտիկ
պայծառ
պատկանող
պատանեկան
պաշտպանված
սերտ
սիրված
սիրող
սրաթափանց
վառ
վստահ
վստահելի
վստահված
տրամաբանող
տպավորված
ունակ
ուրախ
ուրախալի
ուշիմ
ցանկալի
ցնծագին
փափագած
փայփայած
քաղաքավարի
քաջ
քնքուշ,
օրհնված

Տհաճ և բարդ զգացողություններ

Ագրեսիվ
ալեկոծ
ամաչկոտ
ամոթահար
ամոթխած
անարդար
անարժան
անզոր
անկայուն
անհույս
անհամբեր
անհանգիստ
անհաստատ
անընդունակ
անխոհեմ
աննպատակ
անշնորհք
անջատված
անվերահսկելի
անվստահելի
անվճռական
անտարբեր
անտրամադիր
անցանկալի
անպետք
անփույթ
անօգնական
անօգուտ
ահաբեկված
արհամարհելի
ապերջանիկ
արտասվալից
ատելի
բորբոքված
բացահայտված
բռնի
գազազած
գարշելի
գրգռված
գունատ
դավաճանված
դատապարտված
դատարկ
դարանած
դյուրագրգիռ
դրդված
երկմտող
զայրացած
զառանցանք
զարկված
զարհուրած
զզվելի
զրկված
զոհ
ըմբոստ
ընկճված
թակարդված
թերահավատ
թմրած
թյուրըմբռնում
թշնամական
ինքնամփոփ
իշխված
Լքված
լարված
խաբված
խանդոտ
խայթող
խափանված
խենթ
խեղդամահ
խթանող
խիստ բարկացած
խղճալի
խղճուկ
խռոված
խոցված
խոցելի
խոշտանգված
խուճապ
խուճապած
ծաղրված
ծանրաբեռնված
կաթվածահար
կասկածամիտ
կախյալ
կատաղած
կարիքավոր
կեղծված
կոտրված
կորած
կորստի զգացում
կրակված
հարկադրված
հարցաքննված
հիասթափված
հիվանդագին
հսկվող
հոգնած
հուզված
հուսախաբ
հուսալքված
հուսաբեկ
հուսահատ
հյուծված
ձանձրալի
ձանձրացած
ճնշված
մաշված
մեկուսացած
մենակ
մեղադրված
մեղադրյալ
մեղավոր
մերժված
միայնակ
մոլորեցված
մտազբաղ
մտատանջ
մտահոգված
մտամոլոր
նախազգացում
ներքաշված
նյարդային
նյարդայնացած
նեղացած
նեղսրտած
նեղված
նվաստացած
նողկալի
շահագործված
շվարած
շողոքորթ
շփոթված
ոխակալ
ողբերգական
ողողված
ոչ ադեկվատ
ոչ զգայուն
չար
չարչարված
չարացած
չարսիրտ
չապահովված
չբավարարված
չգնահատված
չկշռադատված
չհարգված
չսիրված
չհետաքրքրված
պաշտպանված
պղտորված

պրկված
ջարդված
ջաղջախված
ջղային
ջղայնացած
սադրիչ
սառնորեն
սարսափած
սոսկալի
ստորացված
վատ
վատատատես
վախեցած
վերահսկված
վիրավորված
վհատված
վնասված
վշտացած
վշտաբեկ
վտարված
վրդովված
վրիժառու
տագնապած
տանջված
տառապած
տատանվող
տխուր
տհաճ
տուժած
տրտում
ցավ
ցավալի
ցավագին
ցավոտ
ցածրացված
ցածրորակ
ցասկոտ
ցասում
ցնցված
ուժասպառ
փթահոտ
փնփնթացող
փոթորկված
փոփոխամիտ
փրփրած
քայքայված
քմահաճ
օգտագործված
օտարված

Օգտագործված գրականության ցանկ

Գրքեր

Burns, D., M.D. (1990; 1999). *The Feeling Good Handbook*. The Penguin Group.

Cohen-Posey, K. (2000), *Brief Therapy Client Handouts*. Wiley Publishers.

Davis, M., Ph.D., Paleg, K., Ph.D. & Fanning, P. (2004). *The Messages Workbook*. New Harbinger Publications.

Eifert, G. H., Forsyth, J.P., Hayes, S.C., & McKay, M. (2006), *ACT on Life Not on Anger: The New Acceptance & Commitment Therapy Guide to Problem Anger.* New Harbinger Publications.

Greenberger , D., & Padesky, C. (1995). *Mind Over Mood: Change How You Feel by Changing the Way You Think*. The Guildford Press.

Johnson, S. L. (1997; 2004), *The Therapist's Guide to Clinical Intervention: The 123's of Treatment Planning.* Academic Press, San Diego.

Lickerman, A., M.D., (2012). *The Undefeated Mind on the Science of Constructing an Indestructible Self*. Health Communications. Deerfield Beach, Florida.

Mallody, P., Miller, A.W., Miller, J.K., (1989; 2003) *Facing Codependence: What it Is, Where it Comes from, How it Sabotages our Lives.* HarperCollins, San Francisco.

Mellody, P., & Freundlich, L.S., (2003). *The Intimacy Factor: The Ground Rules for Overcoming the Obstacles to Truth, Respect, and Lasting Love.* HarperSanFrancisco.

Potter, R.T., MSW, PhD. (2005), *Handbook of Anger Management: Individual, Couple, Family, and Group Approaches*. The Haworth Clinical Practice Press; The Haworth Reference Press; and imprints of The Haworth Press, Inc.

Schiraldi, G. R., Ph.D., & Kerr, M.H., Ph.D. (2002). *The Anger Management Sourcebook*. McGraw Hill.

Հոդվածներ

Ellis, A. (1991). The revised ABC's of rational-emotive therapy (RET), *Journal of Rational-Emotive and Cognitive-Behavior Therapy*, Volume 9, Number 3, Page 139.

Lund, R. (2014). Stressful social relations and mortality: a prospective cohort study, *The Journal of Epidemiology and Community Health*, doi:10.1136/jech-2013-203675.

Miller, R. (2013). Marital Quality and Health Over 20 Years: A Growth Curve Analysis, *Journal of Marriage and Family,* 75:3 (June 2013), pp. 667–680; doi: 10.1111/jomf.12025.

Pickering, M., Communication in explorations, *A Journal of Research of the University of Maine,* Vol. 3, No. 1, Fall 1986, pp 16-19.

Platt, Jim, *Crossing the Line: Anger vs. Rage,* Working@Dartmouth, http://74.125.95.104/search?q=cache:PviYnlwDmTAJ:www.dartmouth.edu/~hrs/pdfs

Sanford, K, (2010). Perceived Threat and Perceived Neglect: Couples' Underlying Concerns During Conflict, *Psychological Assessment, American Psychological Association,* Vol. 22, No. 2, pp. 288-297.

Smith, P. N., & Ziegler, D. J. (2004) Anger and the ABC model underlying Rational-Emotive Therapy, *Psychological Reports,* Vol. 94, pp. 1009-1014.

Sturmey, Peter. *Cognitive therapy with people with intellectual disabilities: A selective review and critique.* Clinical Psychology & Psychotherapy11.4 (2004): 222-232

Կայքեր և համացանցային աղբյուրներ

15 Common Defense Mechanisms. Psych Central.
http://psychcentral.com/lib/15-common-defense-mechanisms/0001251

Active Listening Skills. AGING I&R/A TIPS. *Tip Sheet 1.* National Aging Information & Referral Support Center.
http://www.nasuad.org/documentation/I_R/ActiveListening.pdf

Lickerman, A., M.D. (2012) *The Undefeated Mind: On the Science of Constructing an Indestructible Self.* Health Communications & http://www.happinessinthisworld.com

Mills, H., Ph.D., *Physiology of Anger.*
http://www.mhcinc.org/poc/view_doc.php?type=doc&id=5805&cn=116

Osho. *Ego - The False Center.* Beyond the Frontier of the Mind.
http://deoxy.org/egofalse.htm

Patterson, K. & Grenny, J. (2006). *Unresponsive Spouse.*
http://www.crucialskills.com/2006/04/

Platt, Jim, *Crossing the Line: Anger vs. Rage,* Working@Dartmouth, http://74.125.95.104/search?q=cache:PviYnlwDmTAJ:www.dartmouth.edu/~hrs/pdfs

Shaadi.com and IMRB(2012). Survey: Couples Who Argue Together Stay Together,
http://imrbint.com/downloads/Shaadi.com%20-%20IMRB%20International%20Report_FINAL_Latest.pdf

Vivyan, C. (2010). *What are My Options?*
www.getselfhelp.co.uk

Websites

http://imperial.networkofcare.org/mh/
(http://imperial.networkofcare.org/mh/library/article.aspx?id=367)
http://www.mayoclinic.org/healthy-living/adult-health/in-depth/anger-management/art-20045434

Հեղինակի մասին

Այս գրքի հեղինակ Անիթա Աւետեանը Ամուսնության և Ընտանիքի Արտոնագրված թերապևտ է, ով իր աշխատանքներն իրագործում է Կալիֆորնիայում՝ Բեվերլի Հիլզում, Տարզանայում, Շերման Օուքսում և Գլենդեյլում: Նա ավարտել է Կրթական Հոգեբանության մագիստրատուրան, և Կալիֆորնիայի նահանգի Նորթրիջի համալսարանի Աշխատողների Աջակցության ծրագրի, ինչպես նաև Մարդկային Ռեսուրսների շրջանակներում ստացել է երկու վկայական: Նրա մասնագիտությունների ոլորտն ընդգրկում է աշխատանք հարաբերությունների, զայրույթի, անհանգստության և կախվածությունների հետ: Անիտան Զայրույթի Կառավարման 818 թիմի ղեկավարն է: Նրանք օգնում են մարդկանց, ովքեր կամովի, կամ պարտադրված լինելով, աջակցություն են անկնկալում ազրեսիայից ազատվելու համար: Անիթա Աւետեանը Լոս Անջելեսում ունի Զայրույթի կառավարման վեց կենտրոն, որտեղ իրականացվում են զայրույթի կառավարման տարբեր ծրագրեր: Նա այս ծրագիրը հեղինակել է իր աշխատակազմի օգնությամբ: Անիթա Աւետեանը Ազգային Զայրույթի Կառավարման Ընկերության հեղինակավոր թրեյներ է և ղեկավար: Նրանց համար, ովքեր հետաքրքրվում են զայրույթի կառավարման ծառայությունների աշխատանքով, նա առաջարկում է այս արտոնագրված ծրագիրը:

Անիթան ամբողջությամբ ներգրավված է իր մասնագիտական աշխատանքում: Նա Կալիֆորնիայի Զայրույթի Կառավարման Ընկերության համահիմնադիրն է, որը ներկայումս համարվում է Կալիֆորնիայում Զայրույթի Կառավարման Ազգային Ընկերության Մասնաճյուղը: Հանդիսանում է Առողջ Հոգեբանություն ծրագրով մասնագետների պատրաստման հիմնադիրը և համարվում է Հայ-Ամերիկյան Առողջ Հոգեբանություն Ընկերության, Սան Ֆերնանդո Վալեի «Աշխատողների աջակցության մասնագիտական ընկերության» խորհրդատու: Նա երկար տարիներ աշխատում է նաև Կալիֆորնիայի Ամուսնության և Ընտանիքի Ընկերության մասնաճյուղում՝ որպես թերապևտ:

Զայրույթի կառավարման գրքույկը պատվիրելու համար.

www.AngerManagementEssentials.com

or Amazon.com.

ՁԱՅՐՈՒՅԹԻ ԿԱՌԱՎԱՐՄԱՆ ՀԻՄՈՒՆՔՆԵՐ

Թարգմանիչ՝ Հասմիկ Գալստյան

Հայերեն տեքստի խմբագիր և համահեղինակ՝ Մոնա Ավեդյան

www.ingramcontent.com/pod-product-compliance
Lightning Source LLC
Chambersburg PA
CBHW080510110426
42742CB00017B/3066
9780692499887